蒙古马精神

——吃苦耐劳 一往无前

傅锁根 孙大为 / 著

内蒙古人民出版社

图书在版编目(CIP)数据

蒙古马精神:吃苦耐劳 一往无前/傅锁根,孙大为著.
-呼和浩特:内蒙古人民出版社,2017.9(2019.11 重印)
ISBN 978-7-204-14959-9

Ⅰ.①蒙… Ⅱ.①傅… ②孙… Ⅲ.①蒙古族-民族精神-研究-中国 Ⅳ.①K281.2

中国版本图书馆 CIP 数据核字(2017)第 226452 号

蒙古马精神——吃苦耐劳 一往无前

作　　者　傅锁根　孙大为
责任编辑　王　静　李向东
封面设计　宋双成
出版发行　内蒙古人民出版社
地　　址　呼和浩特市新城区中山东路 8 号波士名人国际 B 座
网　　址　http://www.impph.cn
印　　刷　内蒙古恩科赛美好印刷有限公司
开　　本　640mm×960mm　1/16
印　　张　11.5
字　　数　130 千
版　　次　2019 年 1 月第 1 版
印　　次　2019 年 11 月第 2 次印刷
印　　数　2001—5000 册
书　　号　ISBN 978-7-204-14959-9
定　　价　25.00 元

2014年1月，习近平总书记在考察内蒙古时，对我区各族干部群众提出了殷切期望："我们干事创业就要像蒙古马那样，有一种吃苦耐劳、一往无前的精神。"

序

2014年1月,习近平总书记在考察内蒙古时对我区各族干部群众提出了殷切期望:“我们干事创业就要像蒙古马那样,有一种吃苦耐劳、一往无前的精神。”总书记的谆谆嘱托,犹如嘹亮的号角,吹响了全面建成小康社会、加快建设现代化内蒙古的集结号,是激励全区2500万各族群众团结奋斗的新的动力。

针对习近平总书记考察内蒙古时对内蒙古各族干部群众提出的殷切期望,自治区党委书记李纪恒强调,“要大力弘扬各族人民守望相助、团结奋斗的光荣传统,大力弘扬求真务实、担当作为的优良作风,大力弘扬吃苦耐劳、一往无前的蒙古马精神,进一步把人心聚起来、把干劲鼓起来,努力创造无愧于党、无愧于人民、无愧于时代的一流业绩,让内蒙古这道经济发展、民族团结、文化繁荣、边疆安宁、生态文明、各族人民幸福生活的风景线更加亮丽。”①

蒙古马是世界较为古老的马种之一，主要产于蒙古高原，是典型的草原马种。它虽然没有欧洲马种高大的体形，但它是世界上忍耐力最强的马种，夏日能忍受酷暑蚊虫，冬季能耐得住零下40摄氏度的严寒。蒙古马不仅是马背民族的交通工具，同时还是民族文化精神的代表。蒙古马既没有舒适的马厩，也没有精美的饲料，却可以在风霜雨雪的大草原上纵横驰骋。

经过历史的沉淀与实践的熔铸，“蒙古马精神”已融入自治区2500万草原儿女的血脉，成为各族群众团结奋斗、开拓进取的重要精神源泉与纽带。随着时代的发展，“蒙古马精神”的内在价值和重要性日益凸显，弘扬“蒙古马精神”，已经成为内蒙古经济社会持续健康发展的灵魂。

2017年是内蒙古自治区成立70周年。70年来，在党中央的正确领导和关怀下，奔向现代化的内蒙古团结稳定、繁荣发展，各民族紧密团结、努力奋斗，取得了辉煌的成就。内蒙古所走过的波澜壮阔的历史进程，所取得的举世瞩目的辉煌成就，不仅开创了中国共产党用民族区域自治政策解决民族问题的成功范例，也开创了内蒙古发展的新纪元，为国内各少数民族实行民族区域自治提供了成功范例和良好榜样。而这种辉煌

① 《中国共产党内蒙古自治区第十次代表大会胜利闭幕》，《内蒙古日报》2016年11月27日。

成就的取得离不开“蒙古马精神”的传承，蕴含着蒙古马的特质。正如自治区党委书记李纪恒在2017年全国“两会”内蒙古代表团的媒体开放日上铿锵地回答：“内蒙古的精气神是杠杠的。学习蒙古马精神，一往无前，吃苦耐劳，不达目的，绝不罢休。”①正是有“蒙古马精神”的激励，自治区各族人民才能团结奋斗，攻坚克难，赢得一场又一场胜利。

2017年党的十九大的胜利召开，在全面建成小康社会的决胜阶段和中国特色社会主义进入新时代的关键时期，为党确立了必须长期坚持的指导思想，即习近平新时代中国特色社会主义思想，为新时代坚持和发展中国特色社会主义指明了方向，明确了方略，描绘了蓝图。

如今的内蒙古又踏上新的征程，需要更加强大的精神动力和支撑，这份动力就是“蒙古马精神”。发扬“蒙古马精神”就是要将各族人民的智慧和力量拧成一股绳，激励和鞭策各族干部群众迎难而上，砥砺前行，尤其是打好扶贫的攻坚战。习近平总书记在深度贫困地区脱贫攻坚座谈会上的讲话提到：“党的十八大以来，党中央把贫困人口脱贫作为全面建成小康社会的底线任务和标志性指标，在全国范围全面打响了脱贫攻坚战。脱贫攻坚力度之大、规模之广、影响之深，前所未有。”②一个国家，一个民族的发展，取决于最短板的发展，只有将短板补

① 《奔跑吧，内蒙古！》，人民网，2017年3月8日。
② 《人民日报》2017年9月1日。

齐才能够使内蒙古经济更上一个台阶,从而逐步向打造亮丽风景线的目标迈进。

《蒙古马精神——吃苦耐劳　一往无前》一书以“蒙古马精神”为立意,从“蒙古马精神”的来源与含义、弘扬“蒙古马精神”的时代意义、“蒙古马精神”与“中国梦”的关联、“蒙古马精神”在内蒙古的真实践行者、用“蒙古马精神”打造祖国北疆亮丽风景线等几个视角就“蒙古马精神”进行了深入探析。折射出内蒙古各族人民守望相助、砥砺奋进、追求文明进步的伟大历程,展示了人与马、人与草原和谐共处的大美境界。

习近平总书记考察内蒙古时,从历史和时代的高度,提出守好内蒙古少数民族美好的精神家园的希冀。守好少数民族精神家园就是要求我们内蒙古要传承和发展好各民族人民共同创造的优秀民族文化,保护和维系好民族文化的基因和血脉,并不断与时代精神相贯通,努力形成各民族人民理想的精神栖息地。而“蒙古马精神”,以深厚的历史底蕴、丰富的精神内涵,既体现了各族人民共有的传统美德,又体现了各族人民艰苦奋斗、开拓进取的时代精神,对内蒙古各族人民具有很强的凝聚作用。因此,弘扬“蒙古马精神”,对于传承和发展优秀民族文化,建设各族人民的美好精神家园,巩固各族人民团结奋斗的共同思想基础,凝聚和激励各族干部群众同心同德、艰苦创业,共同守卫祖国边疆、共同创造美好生活都具有重要的时代意义。只有大力弘扬“蒙古马精神”,全区各族人民砥砺奋进，才能使内蒙古自治区这道祖国北疆经济发展、民族团结、文化繁荣、边疆安宁、生态文明、各族人民幸福生活的风景线更加亮丽。

是为序。

目录

CONTENTS

引言

弘扬“蒙古马精神”
建设亮丽内蒙古

2014年1月，习近平总书记在考察内蒙古时指出：“我们干事创业就要像蒙古马那样，有一种吃苦耐劳、一往无前的精神。”蒙古马不仅是马背民族的交通工具，同时也是民族文化的重要组成部分。蒙古马的生存环境很恶劣，既没有舒适的马厩，也没有精美的饲料，却可以在风霜雪雨的大草原上驰骋。

内蒙古自治区位于祖国北部边疆，自古以来，就是祖国北方各民族不断碰撞、交流、融合的大舞台，目前，蒙古、汉、满、回、达斡尔、鄂温克、鄂伦春等55个民族在这里繁衍生息。各民族共同团结奋斗，各民族共同繁荣发展，一直是内蒙古的优良传统。习近平总书记考察内蒙古发表的重要讲话，字字珠玑，言犹在耳，他所倡导与弘扬的“蒙古马精神”，对于激励各族干部群众锲而不舍驰而不息地艰苦奋斗、开拓进取，努力推动内蒙古各项事业的持续健康发展具有重要的现实意义和历史意义。

2017年适逢内蒙古自治区成立70周年,党的十九大胜利召开,这让学习贯彻习近平总书记考察内蒙古重要讲话有了更为重要的意义。2017年1月20日,自治区党委中心组以不断深入学习习近平总书记考察内蒙古重要讲话精神为主题进行了2017年第一次集体学习。自治区党委书记李纪恒在主持学习时强调,要始终把习近平总书记考察内蒙古重要讲话精神作为我区改革开放和现代化建设的根本指针,深学细悟、躬身笃行,再学习再研究、再动员再部署、再加力再出发,推动全区上下进一步增强"四个意识",特别是核心意识、看齐意识,推动讲话精神更好地落地生根、开花结果。

风雨兼程70余载,在中国共产党的正确领导下,特别是党的十八大以来,在以习近平总书记为核心的党中央对内蒙古工作的悉心指导下,在全国各族人民的真情帮助下,内蒙古各族干部群众心连心、手拉手,弘扬"蒙古马精神",守望相助,快马加鞭,绘制出了一幅幅内蒙古发展的新蓝图。

当前,内蒙古正处于改革发展的新阶段,为把祖国北疆这道风景线打造得更加亮丽,就要按照习近平总书记的要求,大力发扬"蒙古马精神",继往开来,砥砺前行。2018年1月30日,在内蒙古自治区十三届人大一次会议上,在内蒙古参选的中央提名的代表候选人习近平总书记,以全票当选第十三届全国人大代表。2018 年 3 月 5 日，十三届全国人大一次会议在北京召开，习近平总书记在参加内蒙古代表团审议时，语重心长地表达了他在内蒙古自治区参加全国人大代表选举的良苦用心：“在选举十三届全国人大代表时，党中央提出，中央领导同志应选择老少边穷地区参加选举。我选择在内蒙古自治区参加选举，表达了党中央对民族边疆地区的重视，体现党中央加快推进欠发达地区发展，打赢脱贫攻坚战的决心。”[①]新的征程、新的起点，在以习近平总书记为核心的党中央坚强领导下，内蒙古各族干部群众同心协力，凝心聚力，推动经济社会各项事业全面发展，正在把自治区的发展蓝图变为美好的现实，正在努力让全区各族人民的日子越过越红火。

① 《人民日报·海外版》2018 年 3 月 17 日，第 1 版。

第一章

习近平总书记提出的“蒙古马精神”的起源与含义

2014年1月26日至28日，马年春节前夕，习近平总书记来到内蒙古自治区兴安盟、锡林郭勒盟、呼和浩特市等地，深入林场、牧场、企业、牧户、社区调研考察，给各族干部群众送去党中央的关心和关怀。在这次调研的讲话中，习总书记借马年春节勉励内蒙古自治区各界干部群众，干事业就要像蒙古马那样，有一种吃苦耐劳、一往无前的精神。

2018年3月5日，习近平总书记在参加第十三届全国人民代表大会内蒙古代表团审议时，殷切希望内蒙古各族干部群众守望相助、团结奋斗，发扬吃苦耐劳、一往无前的精神，把祖国北部边疆这道风景线打造得更加亮丽。

这一系列期望和嘱托，反映了以习近平总书记为核心的党中央对内蒙古自治区发展的关注，也时刻鼓舞内蒙古各族人民保持永不懈怠的精神状态和一往无前的奋斗姿态，在打造祖国北疆亮丽风景线目标中深刻领会“蒙古马精神”的实质。

第一节 “蒙古马精神”的起源

说起“蒙古马精神”，我们自然要追溯到蒙古马的渊源，由蒙古马本身的特质而引申到蒙古民族的精神特征，进而发展到内蒙古各族人民在各个历史时期的精神面貌。

一、蒙古马的起源与发展

谈起马，我国古代有很多与其相关的传说，如王亥驯马、焉耆马的传说、汗马功劳、马到成功等。这些传说流传至今，从客观上反映了马与人类的亲密关系是其它任何家畜所不可比拟的。历史资料显示，马在人类狩猎时代就已经成为人类最先饲养的动物之一，并且因为马的聪明、忠诚、勇敢和耐劳等特征，而成为人类最重要的朋友和得力助手。这体现在马在人类农耕时代农田耕作、交通运输等方面的贡献，更体现在古今中外血雨腥风的无数残酷战场上，马以它的特质为人类立下的汗马功劳。也正因如此,古人习惯将马作为"六畜之首"。马的规模在我国发展到最顶峰是在中华人民共和国成立后,到了1967年,马的数量达到了空前的1100多万匹。随后,由于时代变迁、科技发展以及机械化程度的不断提高,马作为人类生产生活的主要助手这一作用相对削弱。

(一)蒙古马的起源

马在古代蒙古社会中是不可缺少的生产资料,极大地促进了社会的发展与进步。蒙古人由于特殊的生活环境,对马的依赖体现在方方面面:农耕、游牧、狩猎离不开马,外出、迁徙、护疆、征战中马更是主要战斗力。马在蒙古族生产生活中的融入程度之深体现在男女童叟均能骑乘这一细节中,因而,我们常称蒙古族为"马背上的民族"。

蒙古马的祖先是蒙古野马。蒙古野马属于奇蹄目马科,是大型荒漠草原动物。肩高1.4米左右,头大颈短,蹄小口阔而圆。背部毛浅棕褐色,腹部和腿部毛色稍浅,蹄部、颈鬃、尾巴呈黑色,毛色较为单一。额部和颈部鬃毛短而直立,无长鬃下垂。各地生存的蒙古野马,大致相同。这种形态的野马,就是现代蒙古马的前身。

而将蒙古野马驯养为家畜也已经有几千年的历史了。在蒙古地区一系列古墓中出土的大量马骨、马具充分证明了青铜时代就有养马的文化遗迹。大量的调查以及各种历史资料显示,蒙古马的祖先——蒙古野马至今犹存。据《新疆风物志》记载,经化石研究证明,蒙古野马随着自然环境变化由森林动物变为草原动物,由狐狸般大小变为今天这样高大。因为长期在草原上奔驰,它的脚趾由五趾变为三趾,进而又演化为现在的单趾。欧洲野马、美洲野马等早已灭绝,蒙古马却因为特殊的地理环境奇迹般地生存下来。调查资料显示,截止到目前,蒙古国的巴彦洪戈尔省、科布多省以及我国新疆阿尔泰、甘肃北部、内蒙古西部仍有蒙古野马生息。纵观这些地区的自然环境,大都属于山麓、荒漠和草原地貌,而且人烟稀少,比较适合野马生存繁衍。俄国探险家普热瓦尔斯基于 1878 年在我国新疆准噶尔盆地捕获野马带回莫斯科研究和鉴定后确认它属于蒙古马的祖先,故称蒙古野马。其后德国人于 1890 年前后在今蒙古国西南部和我国新疆捕获野马并进行展览。再其后捷克斯洛伐克动物学家于 1902 年在今蒙古国捕捉两匹野马并带回捷克斯洛伐克进行繁育。20 世纪 50 年代至 70 年代,在我国甘肃、新疆等地均捕捉或发现过野马。后来为保护这一种群的延续,从 20 世纪 80 年代中期起,国家和新疆维吾尔自治区政府组成专门机构,负责“野马还乡”工作,并在准噶尔盆地南缘新疆吉木萨尔县建成占地 9000 亩的亚洲最大的野马饲养繁殖中心,先后从英、美、德等国运回 18 匹野马,从而结束了野马故乡无野马的历史。以上资料表明,作为蒙古马祖先的蒙古野马仍生存于当今世界。

（二）蒙古马的发展

现代蒙古马是由蒙古野马经过长期演化而来。蒙古马从它祖先蒙古野马进化为家畜，经历了自然环境的巨大变化与社会多次变革的长期过程。在这漫长的历史岁月中，蒙古马通过进化与发展，与其祖先蒙古野马的原型有了较大的差异，而且出现了众多支系，在毛色、形态方面各不相同，它们在各自的地域环境中繁育发展，形成了不同类型的蒙古马。蒙古马在我国大致可分为乌珠穆沁马、上都河马、白岔铁蹄马、乌审马、三河马等五种。

乌珠穆沁马：因分布于内蒙古锡林郭勒盟的东乌珠穆沁旗、西乌珠穆沁旗而得名。乌珠穆沁草原是锡林郭勒大草原的一部分，是元代阿刺忽乞等处马道所在地，为元朝十四道马场之一，元朝廷将各地的蒙古良马集中在这里繁育。到清朝后，这里仍是朝廷牧场。据《清史稿》记载："顺治初大库口外设种马场，隶兵部。康熙九年（1670 年）改牧场，属太仆寺，分左翼、右翼二场，均在口外。是时大凌河设牧场五，边墙设场二：曰商都达布逊诺尔，曰达里冈爱，隶上驷院。"这里所说的达里冈爱牧场，是乌珠穆沁马繁育地之一。所以说乌珠穆沁草原是产良马之地。《清稗类钞》说："蒙古多良马，乌珠穆沁旗之佳者，每匹价值数百金。"现代乌珠穆沁马，主要分布在乌珠穆沁旗及乌拉盖河流域。乌珠穆沁马以速度、耐力驰名中外。《内蒙古历史地理》一书说：“它的性能具有抗寒、抗病和耐劳特点，终年放牧抓膘快，能觅食过冬。该马善行走，日行一二百华里。”它是古代良种马自相繁殖并经过长期选育，形成遗传性较为稳定的蒙古马地方良种，是蒙古马的典型代表。

上都河马：产于内蒙古正蓝旗一带，此地为元、清两朝为皇室养马所在地。顺治年间清朝于察哈尔置左翼、右翼、明安、商都四牧场。其中，商都牧场为马场，隶上驷院，供皇差、祭陵、军需。明安牧场也叫牛羊群，隶内务府，供祭祀、膳房所用。左翼、右翼牧场，隶太仆寺，供皇差、祭陵、军用，清朝时各地蒙古王公向朝廷进贡的良马，均集中在这里饲养繁育。据《清史稿》载，乾隆五年（1740年），两翼牧场共有骒马一百六十群，骟马十六群，逐渐形成了上都河品种。现在分布于正蓝旗一带的上都河马，就是清代察哈尔四牧场的蒙古马遗传下来的品种。

白岔铁蹄马：产于昭乌达盟（现赤峰市）的克什克腾旗，重点分布于希拉木伦河上游地区。白岔铁蹄马有耐寒、耐粗饲、抗病力强、持久力好等特点，属于乘挽兼用型品种。

乌审马：产于伊克昭盟（今鄂尔多斯市）乌审旗而得名，分布于毛乌素沙漠一带。乌审马耐力强，不怕严寒酷暑，善于走沙漠，继承了祖先的荒漠生存的遗传优势，是河套地区闻名的蒙古马种。

三河马：产于呼伦贝尔草原的陈巴尔虎旗、额尔古纳右旗一带，属于中亚马与当地蒙古马杂交后逐渐形成的新品种，又称海拉尔马。据《内蒙古风情》一书介绍，中华人民共和国成立前海拉尔马曾闻名于国内外。三河马体形俊美，身躯匀称，遗传性能稳定，堪称体大力足，虽属乘挽兼用，但尤以骑乘为佳。

现代蒙古马从它祖先蒙古野马单一毛色发展到现在的多种毛色，经历了不断改良繁育的历史进化过程。据《动物图鉴》（蒙古文）一书记载，蒙古野马的毛色除鬃、尾、蹄部呈黑色外，其他部分均为黄褐色。一般来说，蒙古野马的毛色比较单一，几乎所有的蒙古野马的毛色基本是一样的，或有点不同，差别也不大。但是现代蒙古马和它的祖先却大不一样。经过几千年的演化，早已脱离了原来祖先的形态，为自己装扮了新的外观。当代蒙古马既有单一毛色，又有复合毛色，还有各种杂色。这是由于地域、自然环境、日照、气温、水土、饲料、管理、驯养方式等诸多因素的差别所造成的。蒙古人在长期生产实践中，加深了对马的认识与了解，他们能确切地辨认出马的毛色的细微差别，并给这些千差万别的不同毛色赋予了不同的科学称谓，仅从毛色上看就可分为百种以上。对这些复杂的毛色，各自都能标记一个专门的名称，尤其一匹马有若干种毛色时，仅用一词来概括，而且被草原蒙古人所认同，不能不说这是游牧民族的智慧结晶。从蒙古野马单一毛色发展到现代蒙古马的多种毛色，这是养马业的一次大飞跃，为人类繁育野生动物提供了宝贵的经验。

现代蒙古马从它祖先蒙古野马单一名称发展到现在的众多称谓，经历了一个相当长的历史演变过程。蒙古族是具有悠久养马历史的民族，因此马文化积淀较深，有关马的名词术语也极为丰富，这也是草原游牧文化的特点。当蒙古野马在荒漠生活时，不论大小雌雄，人们只称它为“塔黑”。而经过几千年驯养发展而来的现代蒙古马，不是和它祖先那样只有一个名字，而是各种称谓接踵而至。蒙古人对马不仅从牙口、性别、颜色、体态、功能、季节等不同角度予以命名，同时对马还有统称、别称、尊称等。从蒙古野马“塔黑”一名发展到现在的诸多专名，这是历史的必然，也是养马业发展的结果。

如今，蒙古马已成为世界重要马种之一。据统计，截止到1998年，蒙古国有200万匹蒙古马，我国内蒙古自治区有180万匹，巴音郭楞（新疆）、博尔塔拉（新疆）、海西（青海）三个蒙古族自治州和肃北（甘肃）、河南（青海）、和布克赛尔（新疆）、喀喇沁左翼（内蒙古）、阜新（辽宁）、前郭尔罗斯（吉林）、杜尔伯特（黑龙江）、围场（河北）8个蒙古族自治县共计有100万匹蒙古马，其他地区散杂有20万匹，总数可达500万匹。这是蒙古人对养马业的重大贡献。[①]

---

① 参见李永年：《蒙古马源流考述》，《黑龙江民族论丛》，1998（4）。

二、蒙古马与“蒙古马精神”

作为“马背上的民族”，蒙古族在其发展的漫长历史过程中，已经把马与他们的生产和生活紧密联系在一起了。蒙古马作为蒙古民族的第一牲畜，既是平时生活的朋友，又是战时的亲密伙伴，这种超然于其他家畜的特殊地位，使得蒙古马的固有特质已经与蒙古民族的精神特质紧密相连。可以说，蒙古马对各种严酷环境的适应度，成就了蒙古民族的兴旺和发展。因而，“蒙古马精神”中吃苦耐劳、一往无前的核心要素，也必然源于蒙古马的固有特质和奉献精神。

（一）蒙古马的固有特质形塑了“蒙古马精神”

蒙古马是以主要原产地命名的世界古老马种之一，特殊的物种基因、严酷的生存环境和长期的遗传变异，造就了蒙古马耐寒、耐旱、耐力强的特殊属性。蒙古马体形矮小，其貌不扬，既没英国纯种马的高大个头，又无俄罗斯卡巴金马的修长身条，但它却是适合蒙古高原环境的良驹，最便于乘骑驰骋，不是其他马种可比的。而且蒙古马一旦调教好了，战时能随骑手之意，如骑手引弓放箭，它不会突然停下，这样骑手在马上便可进退自如。

我国古代北方游牧的民族，大多是自幼生长在马背上的好射手和驰骋在草原上的好骑手，而狩猎这一形式正是全面培养他们骑射技能的最好方法。蒙古民族能够在元代成为北方少数民族的统治者，显然与之密切相关，也正因如此人们称他们是“马背上的民族”、“骑马民族”或者说是“马上行国”。自古以来，马就和蒙古民族的生活方式融为一体了。蒙古人从小就生长在鞍马之间，日夜狩猎，使得每个人都成为神箭手和好骑手。他们从十五岁便从军，每个人自备战马数匹，这样更利于征战。也正因为每个人有马数匹，所以在平时可以轮番使用，这样战马就不至于疲困；等到跟敌军交战的时候，就换健马追击敌人，这样就不给敌方以喘息之机。与此同时，元初蒙古君主对马极端重视，蒙哥汗多次降旨，禁约诸人，绝不能将马匹偷贩到外界[①]，一经发现有盗马一匹，就处以腰斩之刑[②]。因此，马在古代蒙古法律中已经成为量刑标准之一，它之所以这么重要，是因为战时马匹已经成为将士们的第二生命。

马是蒙古人最喜爱的家畜，可以称之为家畜中的贵族。蒙古人在牧马实践中积累了丰富的养马经验。他们饲养的方法非常周全，管理的方法尤其上乘。据《霆疏》记载：“其出兵，头目人骑一马，又有五六匹，或三四匹马自随，常以准备缓急。无

① 参见《大元马政记·马政杂例》，广仓学窘丛书本，北京：文殿阁书庄。

② 参见马可·波罗：《马可·波罗行记》，冯承钧译，上海：商务印书馆。又《元史·太宗本纪》有“盗马一二匹者即论死”之句。

者亦须一二匹。”由此可见，蒙古骑兵战时自备战马等装备都是十分充足的。后来随着战局逐渐扩大，军马的需求不断增大，才会出现军马征调的特别法。

当蒙古人不打仗时便热衷于狩猎，并且鼓励他们的军队去这样做，目的不单是为了猎取野兽，而是为了习惯于狩猎锻炼，使骑手能够熟悉军马，锻炼吃苦耐劳的精神和意志。[①]

（二）“蒙古马精神”是新时期内蒙古时代精神的写照

在中国近现代革命的历史中，蒙古马曾经成为战场上重要的参与者。比如，在抗日战争、解放战争、抗美援朝的各个战场上都有蒙古战马受伤、倒地和血染沙场的画面。

今天，我们发扬“蒙古马精神”就是要传承和发扬蒙古马吃苦耐劳、一往无前、果敢坚决的精神。经过训练的蒙古马，在战场上沉着果断，其果敢坚决的气势让敌人闻风丧胆。今天，我们发扬蒙古马勇往直前的精神，就是要学习蒙古马只要接受任务就奔腾不息、勇往直前、不完成任务誓不罢休的精神。今天，我们传承和发扬蒙古马忠于职守的精神，也是因为蒙古马历来有忠于主人、忠于职守的美誉，它虽然生性刚烈，但对主人和草原却是无限忠诚的。

如今，随着改革不断向纵深推进，需要解决的矛盾问题交

① 参见志费尼：《世界征服者史》，何高济译，呼和浩特：内蒙古人民出版社，1980。

织叠加，在复杂多变的思潮和现象面前，我们必须发扬蒙古马果敢坚决、雷厉风行的精神，排除千难万险，不折不扣地执行肩负的使命，做建设中国特色社会主义事业的拥护者、守护者和忠诚实践者。

第二节　“蒙古马精神”的含义

习近平总书记考察内蒙古时，曾对内蒙古各族干部群众提出殷切期望：“我们干事创业就要像蒙古马那样，有一种吃苦耐劳、一往无前的精神。”蒙古马的生存条件恶劣，既没有舒适的马厩，又没有精美的饲料，却可以在风霜雪雨的大草原上驰骋。是大草原特有的生存环境造就了“蒙古马精神”特有的坚韧不拔、勇往直前、甘于奉献、忠于职守、精诚团结的基本内涵。

一、“蒙古马精神”的传说

马，以它的忠诚、勤恳、灵性获得了人类的认同，并成为中国人的生肖之一。

古代人出于对马的热爱，往往给马赋予人的特征并与之交流，这在文学作品中表现得尤其明显。他们认为，在和主人相处的过程中，马会跟主人建立起感情，在想象所及的范围内能听懂主人的话语，理解主人的痛苦和欢乐，知道保卫主人的安全等。也就是说，马在与主人朝夕相处中具备了某些人的属性。有一则“悬僵之义”的传说，据南朝宋刘敬叔《异苑》所载，前秦世祖皇帝苻坚在与慕容冲的一次战役中战败，落荒而逃。在逃跑中失足跌入山洞，爬又爬不上来。在追兵将至的千钧一发之际，他的坐骑突然跪在涧边，将缰绳垂了下来，苻坚抓住缰绳爬上来，才脱了大难。还有一则“枣红马”的故事，则讲述了葛根塔娜的枣红马具有十足的人性。在那达慕大会上，枣红马一连二十年始终保持着年年获得第一的荣誉。后来枣红马老了，牙齿都掉光了，葛根塔娜另外选了一匹马准备去参加这一年的那达慕，可是枣红马紧紧地依恋着主人，怎样撵也不肯离去，最后枣红马被撵得竟然伤心地落了泪，葛根塔娜实在不忍心，就让枣红马去参加比赛。枣红马果然不负众望，再一次获得了第一名。在人们的欢呼赞扬声中，枣红马一头扎了下去，葛根塔娜抱着马头悲伤哭泣。枣红马睁开失神的眼睛嘶叫了一声便死去了。[①] 不仅如此，在蒙古族大量的文学作品中，蒙古马往往还被赋予驮走大山的力量和丈量大地的速度以及超凡的智慧与魔力。著名史诗《江格尔》中，精彩地讲述了英雄洪古尔准备饮下敌人敬上的毒酒时，其坐骑未卜先知，以尾巴击翻酒杯，救主人于危难之中的故事，充满了对马能预示吉凶、

① 参见少布：《马祭》，《黑龙江民族丛刊》，1993(03)。

善于变幻的超自然神化。类似的神马传说，在蒙古族民间文学中比比皆是。这些口头文学是蒙古人民的重要文化遗产，在没有创制文字的年代里，也是早期蒙古人物质生活的忠实记录。时至今日，习惯用语中，依然有“一蒙古人失马者有何能为”[①]的诘问，这都强调了马对蒙古人的重要性。

马文化的种种现象，深刻反映着蒙古人精神世界的真实内涵。

二、“蒙古马精神”的主要内核

2014年初，习近平总书记考察内蒙古自治区时讲到，蒙古马虽然没有国外名马那样的高大个头，但生命力强、耐力强、体魄健壮。我们干事创业就要像蒙古马那样，有一种吃苦耐劳、一往无前的精神。

在风霜雪雨的大草原上，蒙古马能不畏艰辛、纵横驰骋、屡建奇功，铸就了蒙古马和蒙古民族独特的品格和精神内涵。概括起来，“蒙古马精神”的内核主要体现在以下几个方面：

首先是坚韧不拔的精神。蒙古民族素有“马背上的民族”之称，而历史上始终与蒙古民族相伴的就是蒙古马。蒙古马与

---

① 多桑：《多桑蒙古史》，冯承钧译，上海：上海古籍出版社，2014。

其他品种的马最大的不同就在于蒙古马具有超强的耐力，特别擅长长途跋涉。在艰苦的自然环境中，蒙古马不畏寒暑、不惧艰险，以坚韧不拔的毅力，穿沙漠、过雪原，驰骋在广袤的蒙古高原上，书写了一个又一个的人间传奇。据专家描述，蒙古马在长途奔袭中，会采用一种特殊的“走马”步伐，可以日夜前行而不需要长时间休息，而且还能长时间保持同样的速度。由于耐力超强，蒙古马常常承担诸如驿站传输等特殊任务。一旦号令下达，蒙古马就身载使命以持久的速度奔到下一个驿站，任何恶劣气候和环境都阻挡不住蒙古马的步伐。

其次是一往无前的精神。蒙古族民谚：“千里疾风万里霞，追不上白岔的铁蹄马。”因而，知难而进、无所畏惧、一往无前是蒙古马的又一重要品格。在北方少数民族发展史上，蒙古马肩负帮助北方游牧民族转牧场、寻水源、踏坚冰、拓疆土的重任，只要接受指令，就无所畏惧、勇往直前，足迹遍布北方大草原。在古代，成吉思汗统率的蒙古军队之所以能取得辉煌的战绩，都跟蒙古人的坐骑——蒙古马有着密不可分的关系。据历史资料记载，经过调教驯化的蒙古马，在战场上不惊不乍，勇猛无比，任何障碍都阻挡不住它的凌厉攻势，一马当先便万夫难当。总之，无论是在战场上，还是在日常劳作中，蒙古马都鲜明地体现了昂扬锐气、勇于进取、奔腾不息的突出的精神特征。这种精神特征包括记途识路、方向感强、适应力强、生命力顽强、不惧风雨、不畏艰难、有韧性、有耐力、经得起挫折困难、敢于挑战自我、能够在逆境中前进、领跑群骥、一马当先。

再次是甘于奉献的精神。作为蒙古族人民的亲密伙伴，无论条件多么艰苦，无论旅途多么遥远，无论负担多么沉重，蒙古马都默默承受、无怨无悔，并且不求回报，青草果腹便英勇拼搏。战场上、旅途中、田地间、赛场上，我们都能看到蒙古马付出的辛勤汗水。不仅如此，蒙古马还以乳汁和鲜血为人类做出贡献。马奶在相当长的历史时期，都是游牧民生存的依靠。史籍记述："饮马乳以塞饥渴，凡一牝马之乳，可饱三人。"另据记述，军队在日夜兼行或完全断粮、陷于饥饿的时候，士兵可刺穿马背部的静脉吸取一点血，这样可挽救士兵的生命。值得大书特书的是蒙古马在中国新民主主义革命史上，发挥过重要作用。蒙古马在抗日战争中是八路军的主要马匹，在解放战争中，内蒙古骑兵师曾驾驭蒙古马浴血奋战，为中华人民共和国诞生立下了汗马功劳。

再次是忠于职守的精神。马作为有灵性的动物，历来有忠于主人、忠于职守的美誉，被称为"义畜"。从古至今，蒙古马虽然生性刚烈剽悍，但对主人和草原却充满着无限的忠诚和眷恋，甚至不惜以自我的牺牲来挽救主人的生命。内蒙古普遍传唱的《蒙古马之歌》生动地讴歌了战马对主人的深情："护着负伤的主人，决不让敌人靠近；望着牺牲的主人，两眼泪雨倾盆。"据文献记述，蒙古族著名文学家尹湛纳希在返乡途中不幸落马，在他昏厥之际，其坐骑与扑过来的两条狼展开了殊死搏斗，最终挡住狼的进攻，成功保护了主人，可见蒙古马的赤胆忠心。

最后是精诚团结的精神。这种精神是指蒙古马的团队意识强，即擅于协调、纪律性强、奉献精神强、勇担重任的宝贵精神。蒙古马是草原牧民的亲密伙伴，无论面对何种艰难险阻，总是与骑手齐心合力、患难与共。

三、“蒙古马精神”是内蒙古各族人民精神的象征

2014 年 1 月，习近平总书记考察内蒙古时，曾对内蒙古各族干部群众提出殷切期望：我们干事业就要像蒙古马那样，有一种吃苦耐劳、一往无前的精神。蒙古马的生存条件恶劣，既没有舒适的马厩，也没有精美的饲料，却可以在风霜雷雨的大草原上驰骋。

2017 年 11 月 21 日，习近平总书记在给内蒙古自治区苏尼特右旗乌兰牧骑的队员们回信中，勉励他们继续扎根基层、服务群众，努力创作更多接地气、传得开、留得下的作品。

2018 年 3 月，习近平总书记在参加全国“两会”期间内蒙古代表团审议时，又殷切期望内蒙古各族干部群众守望相助、团结奋斗，发扬吃苦耐劳、一往无前的精神，把祖国北部边疆这道风景线打造得更加亮丽。

内蒙古自治区地处祖国北疆，又是少数民族聚居区，战略位置非常重要。在全面落实习近平新时代中国特色社会主义思想的实践过程中，内蒙古各族人民要不负习近平总书记的期望和重托，要精准把握习近平总书记扶贫开发战略思想，认真贯彻落实习近平总书记关于扎实推进脱贫攻坚重要讲话精神，更需要把内蒙古自治区发展实际与党的“两个一百年”奋斗目标紧密结合起来，发扬内蒙古人民群众“吃苦耐劳、一往无前”的精神，在逆境和艰苦条件下创造奇迹，在践行边疆梦、中国梦的过程中尽责圆梦，贡献自己的光和热。

“蒙古马精神”植根于草原文化，是草原民族吃苦耐劳、一往无前精神的形象表达。它与社会主义核心价值观倡导的敬业、诚信、友善以及全民族奋发向上、团结和睦的精神是一致的，与社会主义核心价值体系中包含的民族精神和时代精神是一致的。“蒙古马精神”有草原文化最根本的精神基因、有草原民族最深层的精神追求。培育“蒙古马精神”要从草原文化中充分汲取营养，结合时代精神进行延伸阐发，使草原文化与现代文化更适应，使“蒙古马精神”与社会主义核心价值观更协调。扎根于基层、活跃于内蒙古草原的乌兰牧骑，正是“蒙古马精神”的真实写照。乌兰牧骑的蒙古语原意是“红色的嫩芽”，后被引申为“红色文艺轻骑兵”，是适应草原地区生产生活特点而诞生的文化工作队，具有“演出、宣传、辅导、服务”等职能，深受广大农牧民欢迎。1957 年，苏尼特右旗建立了内蒙古第一支乌兰牧骑。目前,内蒙古草原上活跃着75支乌兰牧骑,每年演出超过7000场。60年来,一代代乌兰牧骑队员迎风雪、冒寒暑,长期在戈壁、草原上辗转跋涉,以天为幕布,以地为舞台,为广大农牧民送去了欢乐和文明,传递了党的声音和关怀。

经过历史的沉淀与实践的熔铸,“蒙古马精神”已融入边疆各族人民的血脉,成为各族群众团结奋斗、开拓进取的重要精神源泉与纽带。随着时代的发展,“蒙古马精神”的内在价值和重要性更加凸显。当前,正值打造祖国北疆亮丽风景线的关键时期,肩上的重任尤须我们发扬吃苦耐劳、一往无前的“蒙古马精神”,在观念上坚定不移、信心满怀,在实践中抢抓机遇、突破困境、开创新局,朝着既定的奋斗目标不断前进。

第二章

弘扬“蒙古马精神”的时代意义

新民主主义革命、社会主义革命和建设时期，“蒙古马精神”是内蒙古人民特有的革命奋斗精神的体现。在改革开放的新的历史时期，在推动经济社会持续健康发展的探索与实践中，“蒙古马精神”的内在价值和重要性更加凸显，已经成为促进内蒙古经济社会发展的灵魂。弘扬“蒙古马精神”，对于激励各族干部群众艰苦创业、开拓进取，对于推动内蒙古各项事业的全面发展具有重要的现实意义和历史意义。

第一节 "蒙古马精神"是内蒙古人民特有的革命奋斗精神

内蒙古自治区成立70年来,物阜民康,经济社会发展实现了历史性跨越。70年来,在这片神奇土地上,充分发扬"蒙古马精神",奠定了各族人民团结发展的基石。

"蒙古马虽然没有国外名马那样的高大个头,但生命力强、耐力强、体魄健壮。我们干事创业就要像蒙古马那样,有一种吃苦耐劳、一往无前的精神"。[①] 习近平总书记用形象的比喻勉励内蒙古各族干部群众。今天,"蒙古马精神"已经与改革创新、锐意发展的时代精神融为一体,成为推动内蒙古自治区发展进步的巨大精神力量。

列宁曾说过:"忘记历史就如同背叛。"我们不应该忘记内蒙古人民取得民族独立与人民解放是多么的来之不易,也不应该忘记为内蒙古的解放献出宝贵生命的那些可歌可泣的伟大

---

① 《人民日报·海外版》2017年8月7日,第1版。

英雄人物,他们身上所体现出来的“蒙古马精神”是内蒙古人民特有的革命奋斗精神的真实写照,也是时代发展所要继承和发扬光大的。

一、革命战争年代“蒙古马精神”在内蒙古的体现

1840年,鸦片战争爆发,使得中国逐步沦为半殖民地半封建社会,清王朝的封建统治逐步瓦解,帝国主义掀起了对中国的瓜分狂潮。覆巢之下,安有完卵。帝国主义妄图把内蒙古人民置于自己的统治之下,日本帝国主义侵略中国时更是在内蒙古推行“满蒙政策”、扶持傀儡政权,制造分裂,分而治之,民族压迫使内蒙古各族人民陷入了贫困、落后、苦难的深渊。中国共产党的成立,给内蒙古各族人民翻身得解放带来了希望,草原儿女的“蒙古马精神”也为自己的解放提供了强大的精神动力。新民主主义革命时期,特别是抗日战争期间,内蒙古涌现出一大批抗日救亡的革命者,他们是“蒙古马精神”的杰出代表。例如蒙古族著名抗日将领李海山,作为较早“不忍坐视我东北三千万民众沦于暴日铁骑之下,任其黩武横行即欲自行起兵抗日”者,曾有过如下自述:“余自奉命起兵救国,所有各官兵,除本司令原统率蒙古兵外,其余均召集本旗壮丁及蒙古望族,而枪马弹药,均个人私有,俱以血汗金钱所买。我蒙古官兵

被日本杀伤两千有余,而国土又未收复,遂被缴械致使蒙古战后余生,流离失所,无衣无食,死于沟壑道路者不知凡几。……饥寒之声,不绝于耳。余无以筹措,只仰天叹我蒙古牺牲、荡户救国,结果竟至如斯,余不敢怨天尤人,惟愿国人察其愚忠,赐以教言。"①可以看出早期内蒙古抗日者对于抗日是多么的一往无前,不怕牺牲,不怕艰苦。这种一往无前的抗日精神,是真正的"蒙古马精神"。

在内蒙古人民抗日救亡时期,不仅涌现了一大批像李海山这样的上阵杀敌的实践者,同时还有宣传抗日精神理论的抗日英模。王若飞,一位被国民党政府称为"大共产党"的政治要犯,当时受共产国际派遣到绥远开展地下工作,在一次联络发展群众时不幸被捕,在多次威逼利诱无果后,包头警察局只能将其转到绥远省政府,并关押在绥远第一模范监狱。身陷囹圄的王若飞并没有被敌人的酷刑所吓倒,宁折不屈,依然履行自己作为一名共产党员的职责,他鼓励难友们用共产主义精神武装自己,提高自身的思想觉悟和理论水平,即使在生命的最后一刻也不能背叛革命,抱着一种视死如归的精神面对身处的绝境。王若飞曾写下这样一段话,来鞭策难友们学习:"列宁说过,监狱是革命者的学校。你们判刑二年半,转瞬之间就会出去的。我手里还有些书,有文学的,也有社会科学的。你们不

① 李海山:《辽北蒙边骑兵第一路成立之经过及血战之概略》,《新蒙古月刊》第3卷,第1期。

妨借此机会，多读点书，多学点理论，以备将来有文可行，有武可用。”①

作为绥远第一模范监狱的要犯，王若飞所面临的境遇比其他人犯更窘迫，甚至连出去放风的权利都没有。但是在王若飞的据理力争下，难友们不仅有了晒太阳的权利，同时还获得每月6元的生活费。他利用自己每月6元的生活费，给难友们买食品、药品和报纸。在王若飞兄弟般的关怀下，许多难友开始读书。共产党员杨一帆在狱中与王若飞等狱中共产党员取得联系，共同研究决定，要把监狱作为战场。还利用放风的机会勉励难友们："天总是要亮的，鸟总是要唱的，日寇逼近华北，国民党出卖山河，拯救中国的重任，全在我们这些人的肩头，请转告同志们，要坚强地度过这最黑暗而又艰难的时期，总有一天我们会在曙光中迎着胜利高歌猛进。"②在王若飞的激励、教导下，难友们团结一致，同仇敌忾。他们一方面向监狱提出他们的要求，另一方面寻求外界的帮助。寻求舆论的帮助。在社会舆论下，在难友们团结一致的斗争下，监狱不得不改善伙食，并承诺不再对犯人随意用刑。这是史无前例的，这次斗争的胜利让难友们明白了团结的力量。在王若飞身上，在这些难友们身上我们看到了"蒙古马精神"，一种团结一致、守望相助的精神。

---

① 韩燕如：《我在归绥的斗争历史》，《呼和浩特史料》第四集，1984：52。

② 郝维民：《内蒙古革命史》，北京：人民出版社，2009：P195。

二、社会主义革命和建设时期"蒙古马精神"在内蒙古的体现

1947 年 5 月 1 日,内蒙古自治政府宣告成立,开创了中国共产党领导的我国民族区域自治的先河,这为全国其他少数民族,包括尚未解放地区的少数民族提供了样本,树立了榜样。内蒙古自治政府主席乌兰夫同志积极响应国家的各项政策,丰富和发展了民族区域自治的思想内涵,即地方性、民主性、平等性和统一性。这四个属性都体现着乌兰夫同志团结一致,一往无前的精神,体现着自治区人民对于建设美好家园的信心和期盼。

对于如何建设内蒙古,乌兰夫将教育摆在了首位。内蒙古的发展需要大批有知识、有才干的党员干部,特别是少数民族干部。为了解决这个问题,他积极投身于高校建设,先后创办了内蒙古军政学院、内蒙古师范学院、内蒙古大学等一批高等院校。他认为发展师范教育是搞好民族地区教育事业的基础,并强调,要把培养民族干部放在重要位置,在内蒙古大学成立之初,他制定了很多适应内蒙古区情的政策,比如在大学开设蒙汉双语教育,不仅要求蒙古族学生学习汉语,还要求汉族学生学习蒙古语,语言的互通有利于民族工作的顺利开展,也有

利于促进内蒙古的快速发展,做到守望相助、一往无前。

“草原英雄小姐妹”的故事,大家都耳熟能详。这是一个充分彰显草原儿女的坚定意志和高尚品格、被传颂至今的感人故事。故事的主角龙梅和玉荣这两个牧民的女孩子,为了保护人民公社集体的羊群不受损失,与无情的风雪斗争了 20 多个小时,谱写了一曲英雄赞歌。

正如吴秀波作词作曲的歌曲《草原姐妹》中的歌词那样写道:“那片片拳拳的爱心,是你幼小而纯真的眼睛,在风雪中行走的龙梅和玉荣,保护着集体的羊群,那狂风吹动着单衣,冰雪侵蚀着幼小的身躯,不怕天空中翻转不定的阴云,有心中的共产主义。”

2002 年 12 月 26 日,有一位记者在呼和浩特采访玉荣时谈到《陪读夫人》里的一段故事:身居美国的母亲为了让儿子学汉语,讲起了“草原英雄小姐妹”的事迹,当儿子听到小姐妹为保护公社的羊被冻成重伤时,他突然发问:“妈妈,她们这样做,公社会付给她们很多钱的,是吗?我们老师说,任何一样工作都该有报酬呀!”母亲后来告诉儿子:“最好的奖励是全国小朋友都学习这两个草原英雄小姐妹。这能用钱买得到吗?”儿子最后明白了:“世界上还有一种工作是不能计算报酬的。”

听完记者的讲述,玉荣用一段自嘲的话向记者和我们传达了一种精神的可贵,一种人性的可贵。她说:“当时一只羊的价格是 2 块钱,384 只死了 3 只,也就是 6 块钱,6 块钱能等于我为此付出一条腿的代价吗?”玉荣笑了笑说:“精神不能用金钱衡量。”玉荣口中的“精神”就是坚韧不拔、忠于职守、敢于奉献的“蒙古马精神”。

三、改革开放以来“蒙古马精神”在内蒙古的体现

2015年9月3日上午10时,全世界的目光都在注视着天安门广场。在举世瞩目的纪念中国人民抗日战争暨世界反法西斯战争胜利70周年阅兵式上,当代表我国陆、海、空、第二炮兵和武警部队等各兵种受阅新式武器装备宏伟雄壮地通过天安门广场,接受党和国家领导人及全国人民的检阅时,不仅让前来参加阅兵观礼的外国元首和友人深感震撼,更让在电视机前观看阅兵现场直播的中国兵器工业集团内蒙古第一机械集团有限公司万名干部和职工欢欣鼓舞,激动万分。因为在阅兵仪式上,有多种装备是由中国兵器工业集团内蒙古第一机械集团有限公司制造的。

而在其中,最受人关注的是新型反恐安防装甲轮式战车。一个戴眼镜的中年男子面对围拢来的外国宾客,认真仔细地介绍新型反恐安防装甲轮式战车的情况。他就是这种新型反恐安防装甲战车的总设计师、中国兵器工业集团内蒙古第一机械集团有限公司总经理助理、研究员级高级工程师、全国劳动模

范——刘勇。

1989年,刘勇以优异的成绩从南京理工大学坦克电控专业毕业,被分配到中国兵器工业集团内蒙古第一机械集团有限公司。从此,他的命运就与我国的装甲武器研究和发展紧紧地联系到了一起,可以说他所有的青春岁月都是与我国的装甲武器研发联系在一起的。

在研制发展世界先进武器装备的征程中,刘勇有过艰辛,也有收获。他先后承担了多项国家、省部级科研任务的总设计师和副总设计师的重任,同时获得了2项国家科学技术进步奖二等奖、3项国防科学技术进步奖一等奖、1项省部级三等奖,还获得国防专利17项,2015年荣获全国劳动模范荣誉称号……这一串串荣誉和累累成果,是他二十年如一日不停地学习、打拼、奋斗、历练,用聪明智慧和辛勤汗水铸就的。

依然吃苦耐劳,依然是勤劳勇敢,刘勇为新时期践行"蒙古马精神"树立了榜样。

第二节　“蒙古马精神”是中华民族优良道德传统的集中体现

一、中华民族优良传统的体现

一个民族的精神背后所体现的是这个民族历史和文化的传承和积淀。中华民族精神是各民族在漫长历史中共同传承和发展的。尽管各民族之间有许多的差异，不论是地域文化，还是风俗习惯均千差万别，但是中华民族经过几千年的相互交融、相互磨合，形成了中华民族精神的重要内涵，即团结统一、自强不息、厚德载物、和而不同等。

（一）团结统一

追求团结、追求统一是贯穿中华五千年历史的基本走向。团结统一的民族精神，是指一个民族在共同利益和目标基础上形成的，促进全民族在意志和行动上形成凝聚力的精神。其中,民族团结是国家统一的必要条件,国家统一是民族团结发展的根本保障。历史发展证明,团结统一是中华民族的立身之本。

不论是孟子"老吾老以及人之老,幼吾幼以及人之幼",还是墨子"视人之家,若视其家;视人之身,若视其身",都为我们传递了一种天下一家的团结统一精神。这种团结一致的精神在近代表现得淋漓尽致,在山河破碎、国破家亡的时刻,从国共两党联手共同抗日,到少数民族和汉族人民同仇敌忾,共同保卫我们的家园,再到远在海外的华侨华人,大家无不在为祖国贡献自己的力量,取得抗日战争胜利的精神正是中华民族卓越的团结统一精神。

（二）自强不息

清华大学的校训来源是"天行健,君子以自强不息;地势坤,君子以厚德载物"。其中,"自强不息"语出《周易》:"天行健,君子以自强不息。"《周易集解》引干宝对于"自强不息"的解释说:"凡勉强以进德,不必须在位也。故尧舜一日万机,文王日昃不暇食,仲尼终夜不寝,颜子欲罢不能,自此以下,莫敢淫心舍力,故曰自强不息矣。"可见自强不息精神到春秋战国时期就已经开始成为中华民族所奉行的一种精神。这主要体现在以下几个方面:

第一,自强不息体现在国家层面上。从"夸父逐日"到"精卫填海"再到"愚公移山",这些家喻户晓的神话故事无不传达着中华民族自强不息的精神。《荀子》记载着这样一个故事:"一天,子贡对孔子说:'做学问太辛苦了,我出去做官吧。'孔子对子贡说:'你以为做官就不累,不辛苦吗?做官需要做到温、良、顺、恭、俭,办事必须谨慎、准确,因而一天下来是没有什么休息的时间的。'最后,子贡悟出来一个道理:'大哉乎死也,君子息焉,小人休焉。'"这就是说,君子在死亡以前,是不会停止奋斗和工作的。正所谓"天将降大任于斯人也,必先苦其心志,劳其筋骨",只有这样才能实现修身、齐家、治国、平天下的远大抱负。中华民族这种自强不息的精神不仅体现在对国家的抱负上,还表现在抵御外来侵略的决心上。古有"犯我强汉者,虽远必诛",文天祥的"人生自古谁无死,留取丹心照汗青",近代有谭嗣同的"我自横刀向天笑,去留肝胆两昆仑",抗日战争时期的"一寸山河一寸血"。在民族大义上,在国家兴亡上,舍生取义,驱除敌寇,保我中华,这种精神已经内化于中华民族之中。

第二,自强不息体现在个人层面上。这表现为强调个人人格独立,追求真理和正义。孔子云:"三军可以夺帅,匹夫不可夺志也。"[①]孟子也曾谈道:"富贵不能淫,贫贱不能移,威武不能屈。"[②]这就是一种心中有信仰,不受外界所惑的精神,是一

① 《论语·子罕篇》,北京:中华书局,2006,P129。

② 《孟子·滕文公下》,北京:中华书局,2007,P125。

种不卑不亢的精神。《了凡四训》是明代宝坻知县袁黄的一本家训，强调从治心入手提升自我修养，在社会上流传甚广，袁黄本身的经历就是自强不息在个人身上的体现。

（三）厚德载物

中国文化讲道德，中国文化特别强调德行，厚德才能载物。《周易》里说“厚德载物”；《大学》里讲格物、致知、诚意、正心、修身、齐家、治国、平天下，这八个条目合在一起，就叫内圣外王。一个人有多大的德行和人格，才能承载多大的成就和抱负。德行和人格是大楼的地基。地基越实，这座楼无论多高都配得起；如果地基不实，这楼盖得越高就塌得越惨。“德不配位，必有灾殃。”①

（四）和而不同

西周末年，周太史史伯最先对“和”“同”关系进行了初步探讨，“夫和实生物，同则不继。以他平他谓之和，故能丰长而物归之；若以同裨同，尽乃弃矣。”这道出了万物生长的规律。孔子在《论语》中指出：“君子和而不同，小人同而不和。”将“和同”理论上升至文化的高度，成为中华民族精神的独特标志。②

① 参见郭继承：《传承中华文化　弘扬传统美德》[EB/OL]，[2016-11-21]，http://www.71.cn/2016/1121/922007_3.shtml。

② 参见郭继承：《传承中华文化　弘扬传统美德》[EB/OL]，[2017-11-25]，http://www.71.cn/2017/1125/975106_4.shtml。

君子追求的是和而不同。小人追求是同而不和。

如同习近平总书记在2014年3月27日联合国教科文组织总部的演讲中所强调的,中国人早就懂得了“和而不同”的道理。“我们应该推动不同文明相互尊重、和谐共处,让文明交流互鉴成为增进各国人民友谊的桥梁、推动人类社会进步的动力、维护世界和平的纽带。”①

团结统一、和而不同、兼容并包、自强不息,这是中华民族精神的重要内涵,深深根植于中华优秀传统文化,并影响着整个民族政治文化和精神活动的走向,成为中华民族生生不息、永不枯竭的强大精神动力,也成为中华民族精神的灵魂。

二、“蒙古马精神”与中华民族优良传统的内在关联

“蒙古马精神”和中华民族精神的内在关联说到底就是共性和个性的关系。“蒙古马精神”中既体现着中华民族精神的一般内涵,又有本民族特有的精神;而中华民族精神则是寓于像“蒙古马精神”这样特殊的精神当中,并且通过这些特殊的精神表现出来。

---

① 《人民日报·海外版》,2014年3月28日,第1版。

（一）中华民族精神是“蒙古马精神”的根与源

蒙古马一直是蒙古民族最忠实的伙伴，“蒙古马精神”更是内蒙古人民创建自己美好家园的精神给养。“蒙古马精神”的内涵主要包括以下几个方面：

勇敢精神。据史料记载，驯化后蒙古马常常肩负重任“踏雪山，战沙场”，它的足迹、它的血汗洒遍整个北方草原。成吉思汗与扎木合之间的“十三翼之战”，双方出兵6万，而动用的马匹达到了20万。“凡出师，人有数马，日轮一骑乘之，故马不困弊。”不得不说，是庞大的马匹储备和机动的骑兵战术成就了成吉思汗的伟业。在近代史上，内蒙古的骑兵部队也是依靠蒙古马，“马蹄踏处坚城破，战刀挥舞鬼神惊”，他们参加了辽沈战役和平津战役，肃清内蒙古草原残匪，在解放战争中收获了赫赫战功。[①] 蒙古马勇敢的精神使它可以有作为战马的荣耀，成为勇敢的代名词。

坚强精神。蒙古族被喻为“马背上的民族”，正是由于蒙古马吃苦耐劳、一往无前的精神托起了整个民族。蒙古马与其他马相比，最大的优势就在于有惊人的耐力，条件越艰苦越显示出它的优势。千百年来，它不畏严寒，不畏风雪，驰骋在茫茫无际的草原，成为蒙古民族最得力、最忠实的伙伴，并且在今天

---

① 参见王璇：《内蒙古要着力培育和弘扬“蒙古马精神”》，《黑龙江民族丛刊》，2016(5)。

依然同内蒙古人民一起书写着不朽的赞歌。它任劳任怨,从不挑食,也正因为这样,才能在艰苦的自然环境下完成许多不可能完成的任务,成为托起一个民族的“义士”。

忠诚精神。古老的谚语中这样描述蒙古族人民对马的深厚感情:“蒙古人没有马,就像人没有手脚。”马和天同样都被草原人民敬奉。马作为有灵性的动物,对主人任劳任怨、忠于职守,因而被赞为“义畜”。蒙古马既可以是驰骋疆场的铁骑,又可以是拯救主人的忠义之士。在蒙古族长篇英雄史诗《江格尔》中,英雄洪古尔被敌人用毒气熏昏,在千钧一发危急时刻,是他的坐骑拯救了他。虽然在文学创作中不免有写意的手法,但马是有灵性的,忠于主人的特性是不容置疑的,它的赤胆忠心日月可鉴。

奉献精神。蒙古马不仅将身躯奉献于战场上、旅途中、田地间、赛场上,它们还挥洒自己的汗水,同艰苦的环境做斗争,为蒙古族人民保驾护航,将自己的奶汁和鲜血也奉献于它的主人。在相当长的历史中,马奶肩负着喂养蒙古游牧民族的使命。值得称赞的是在中国革命史上,内蒙古骑兵部队曾驾驭蒙古马,在解放战争中浴血奋战,为中华人民共和国诞生立下了汗马功劳。可以说蒙古马是中华人民共和国的功臣。

“蒙古马精神”是中华民族精神的继承与发扬,是几千年来蒙古族人民安身立命之本。如果说蒙古马的吃苦耐劳、一往无前的特征是“蒙古马精神”的现实依据,那么,中华民族精神则是“蒙古马精神”的根和源。作为中华民族精神的基本内容“团结统一”的历史走向、“天行健，君子以自强不息”的立身之道、“地势坤，君子以厚德载物”的处世之道、“和而不同”的发展之路等，几乎都能凝结在“蒙古马精神”中，都可以从中华民族的精神宝库中寻到其根和源。

（二）“蒙古马精神”是对中华民族精神的继承和弘扬

中华民族历来就是自强不息的民族，不论是“天行健，君子以自强不息”，还是“士不可以不弘毅，任重而道远”，无不体现着中华民族历久弥新的自强精神。作为以吃苦耐劳、一往无前闻名于世的蒙古马和它守护的蒙古民族正是以自强不息的精神，在党中央的正确领导下，取得了70年自治区发展的辉煌成就。

就以荒漠化治理来讲，内蒙古地区多为草原和荒漠戈壁，再加上荒漠化严重，风沙严重地危害着人民的生命和财产安全。内蒙古人民在治理沙漠化的进程中，从退耕还林还草，到植被的选种，每一步都走得无比困难，但却义无反顾，将昔日曾经风沙肆虐的荒凉大漠打造成郁郁葱葱、生机盎然的大草原，这得益于内蒙古人民的奋发前进、自强不息的精神。

中华民族的厚德载物与忠于职守、甘于奉献的精神同样彰显于“蒙古马精神”中。

“蒙古马精神”所表现的内涵就是一种厚德。蒙古马用自己短小而精悍的身躯托起一个民族，在主人危急的时候，挺身而出，穿梭在风霜雨雪里。而受它的精神启迪的蒙古民族一路走来，为着自己的家园、自己的祖国挥洒着自己的汗水。正是这样的厚德承载了内蒙古自治区 70 年的辉煌，并且这种辉煌将继续延续。

第三节 新时期内蒙古经济和社会发展需要“蒙古马精神”

一、“蒙古马精神”是促进内蒙古经济社会发展的灵魂

进入新世纪新时期以来，自治区各族人民守望相助、团结奋斗，自治区经济社会发展成就喜人。随着时代的发展，“蒙古马精神”的内在价值和重要性更加凸显出来，弘扬“蒙古马精神”，已经成为促进内蒙古经济社会发展的灵魂。这主要体现在以下几个方面。

(一) 弘扬“蒙古马精神”，推动内蒙古经济向前发展

针对习近平总书记考察内蒙古时，对内蒙古各族干部提出的殷切期望，内蒙古自治区党委书记李纪恒强调，“要大力弘扬各族人民守望相助、团结奋斗的光荣传统，大力弘扬求真务实、担当作为的优良作风，大力弘扬吃苦耐劳、一往无前的‘蒙

古马精神’，进一步把人心聚起来、把干劲鼓起来，努力创造无愧于党、无愧于人民、无愧于时代的一流业绩，让内蒙古这道经济发展、民族团结、文化繁荣、边疆安宁、生态文明、各族人民幸福生活的风景线更加亮丽。”①

70年过去了，内蒙古自治区的发展取得了巨大的成就。内蒙古自治区人民政府新闻办在内蒙古自治区成立70周年新闻发布会上，全面介绍了内蒙古自治区70年来在各项事业上取得的成就：

“内蒙古自治区成立70年来，在党中央、国务院的正确领导下，在党的民族政策支持下，内蒙古各族人民不断把各项事业推向前进。

“经济建设取得显著成就。70年来，内蒙古经济综合实力明显增强。……基础设施明显改善，铁路、公路、航空、市政、水利、能源、信息通信等现代基础设施网络体系日益健全。改革开放深入推进，主动融入‘一带一路’建设，打造对外开放新格局。

“民族团结事业稳步推进。内蒙古坚持和完善民族区域自治制度，全面贯彻执行《民族区域自治法》，用足、用活、用好国家赋予民族地区的自主权和各项优惠政策。深入持久地开展民族团结进步宣传教育和创建活动，‘三个离不开’的思想深入人心，各族人民拧成一股绳，共创美好生活。

① 《内蒙古日报》2016年11月27日。

"民族文化强区建设迈出坚实步伐。内蒙古积极培育和践行社会主义核心价值观,涌现出牛玉儒、卢玉宝等为代表的一批先进模范人物。大力弘扬中华民族优秀传统文化,确定9月6日为草原文化遗产保护日,设立专项资金扶持蒙古语言文字信息化建设。

"改革发展成果惠及各族群众。内蒙古自治区成立70年来,特别是改革开放以来,各族群众生活实现了由温饱不足向全面小康迈进的历史性转变。……此外,教育、住房、科技、医疗、体育等各项社会事业稳步推进,实现全面进步。

"生态环境质量显著改善。内蒙古坚持环境保护与建设并举,相继启动京津风沙源治理、三北防护林、退牧还草、退耕还林等重点生态工程,坚决守住生态底线,筑牢了我国北方重要的生态安全屏障。"①

70年见证了内蒙古的发展成就,同时开启了内蒙古新的征程。

在新的发展阶段,自治区要加快实现在我国西部地区率先全面建成小康社会的目标,努力把内蒙古建设得更加繁荣、富裕、和谐、美好。向着这样一个奋斗目标迈进,决定了我们必须动员和凝聚全区各族人民的力量继续进行艰苦创业,决定了我们必须大力弘扬不畏艰险、坚韧不拔的精神。正所谓"大鹏之

① 《70年,各项事业全面进步》,《人民日报》2017年8月5日,第6版。

动,非一羽之轻也;骐骥之速,非一足之力也"。这需要更加强大的精神动力和支撑,这份动力就是"蒙古马精神",发扬"蒙古马精神"就是要将自治区各族人民的智慧和力量拧成一股绳,激励和鞭策各族群众干部迎难而上,砥砺前行。

(二)弘扬"蒙古马精神",促进全面深化改革

中国共产党内蒙古自治区第十次代表大会要求,要以更加坚定的决心和勇气全面深化改革,推动重要领域和关键环节改革取得决定性成果,各方面体制机制更加健全完善。作为农牧业大区,自治区要深化农牧业供给侧改革,完善农村牧区土地草原所有权、承包权、经营权"三权"分置办法,鼓励引导土地草原经营权规范有序流转,增强农村牧区发展活力,不论是大方向的深化改革还是具体实施办法的供给侧结构改革,都离不开创新,离不开"迎难而上"的闯劲。[①]

内蒙古要全面深化改革,推动科学发展,要让一切创造财富的源泉充分涌流,就需要把开拓进取的精神贯穿于经济社会发展各个领域和各个环节。因此,在新的历史发展时期,弘扬蒙古马迎难而上、一往无前的精神,有助于调动全区干部群众干实事勇创新的积极性、主动性,有助于激发领导干部的创造活力、增强发展的动力,使之更加自觉、更加坚定地投身到自治

① 参见安静赜:《发扬"蒙古马精神",推动经济健康发展》,《内蒙古日报》,2017年1月9日。

区全面深化改革和现代化建设的伟大实践中，以改革发展的新成绩实现建设亮丽风景线的目标。

（三）弘扬“蒙古马精神”，保持优良的作风

“天地生人，有一人当有一人之业；人生在世，生一日当尽一日之勤。”经过改革开放四十年的发展，我们的物质生活条件相对于以前有了翻天覆地的变化。在这种情形下，我们能否继续秉持艰苦奋斗、不骄不躁的优良传统，是对我们每一个人的考验，尤其是对党员干部的考验。近些年来，有些党员干部受到了奢靡之风、贪图享受等腐朽思想的侵蚀，逐渐淡忘了作为一名共产党员所肩负的使命，将全心全意为人民服务的宗旨抛之脑后，忘却了艰苦奋斗、谦虚谨慎的作风，思想上不思进取，工作上徇私枉法，生活上骄奢淫逸，严重败坏了党风和社会风气。针对这种情形，党中央在全党全国范围内开展了党的群众路线教育实践活动，其目的在于引导和教育广大党员干部深刻认识到“四风”之害，认识到自己身上的责任。内蒙古今天的发展，同样决不允许出现思想精神的懈怠。因而大力弘扬“蒙古马精神”至关重要，不仅能够纠正当下一部分人“思想缺钙、精神萎靡、作风丢失”的问题，更有助于发挥自治区人民爱岗奉献，尽职尽责的主人翁意识，脚踏实地、一往无前，砥砺前行、敢于担当的精神，努力把我区的长处发挥出来，建设亮丽内蒙古。

(四)弘扬"蒙古马精神",打造内蒙古人民共同的精神家园

习近平总书记2015年在纪念陈云同志诞辰110周年座谈会上讲:"全党同志一定要坚守共产党人的精神家园,把改造客观世界和改造主观世界结合起来,切实解决好世界观、人生观、价值观问题,练就共产党人的钢筋铁骨,铸牢坚守信仰的铜墙铁壁,矢志不渝为中国特色社会主义共同理想而奋斗。"[①]作为一个党有自己所坚守的精神家园,那么作为一个民族同样有自己的精神家园,守好我们的精神家园需要"蒙古马精神",只有守好自己的精神家园,才有未来的现实家园。2014年1月,习近平总书记考察内蒙古时,从历史和时代的高度,"希望内蒙古各族干部群众守望相助。守,就是守好家门,守好祖国边疆,守好内蒙古少数民族美好的精神家园。"[②]守好少数民族精神家园就是要求我们要传承和发展好各民族人民共同创造的优秀民族文化,保护和维系好民族文化的基因和血脉,并不断与时代精神相贯通,努力形成各民族人民理想的精神栖息地。而"蒙古马精神"以深厚的历史底蕴、丰富的精神内涵,既体现了各族人民共有的传统美德,又体现了各族人民艰苦奋斗、开拓进取的时代精神,对内蒙古各族人民具有很强的凝聚作用。因此,弘扬"蒙古马精神",对于传承和发展优秀民族文化,建

① 《人民日报》2015年6月13日,第1版。
② 《人民日报》2014年1月30日,第1版。

设各族人民的美好精神家园,巩固各族人民团结奋斗的共同思想基础,凝聚和激励各族干部群众同心同德、艰苦创业,共同守卫祖国边疆、共同创造美好生活都具有重要的现实意义。

二、新时期内蒙古的发展需要"蒙古马精神"内涵的不断创新

党的十九大报告指出,经过长期努力,中国特色社会主义进入了新时代,这是我国发展新的历史方位。在新时代,"我国社会主要矛盾已经转化为人民日益增长的美好生活需要和不平衡不充分的发展之间的矛盾。"[①]人民群众在解决温饱问题和进入小康社会后,不仅对物质文化生活提出了更高要求,而且在民主、法治、公平、正义等方面的要求也日益增长。

"蒙古马精神"赋予内蒙古各族人民强大的精神力量,它深深扎根于各族人民的奋斗历程中,是中华民族精神的集中体现。今天,"蒙古马精神"已与改革创新、锐意发展的时代精神紧密结合,被赋予了新的内涵,成为推动内蒙古自治区发展的强大精神力量。

---

① 习近平:《决胜全面建成小康社会 夺取新时代中国特色社会主义伟大胜利——在中国共产党第十九次全国代表大会上的报告》,人民出版社,2017 年版,第 11 页。

(一)将时代特点融入"蒙古马精神"

共建丝绸之路经济带和21世纪海上丝绸之路是我国深化改革、扩大对外开放的重大战略,其中草原丝绸之路经济带建设是该战略的重要组成部分。它东起辽海,沿燕山北麓、阴山北麓、天山北麓,西去中亚、西亚和东欧,横跨亚欧草原,联系中亚、西亚、东欧等诸多国家。"一带一路"倡议中,内蒙古自治区具有重要而独特的区位优势。建设草原丝绸之路,是内蒙古的时代要义,而建设草原丝绸之路必须开放合作。

内蒙古自治区要紧紧围绕自治区第十次党代会提出的"加快形成北上南下、东进西出、内外联动、八面来风的对外开放新格局"[①]目标,充分发挥内联八省区、外接俄蒙的区位优势,主动融入和服务"一带一路"建设、京津冀协同发展、长江经济带建设等国家发展战略,以更加宽广的视野和胸襟全方位扩大对内对外开放,在更大范围、更宽领域、更深层次上融入全国、走向世界。[②] 为此,既要通过积极推进中蒙俄经济走廊建设、完善同俄蒙合作机制,重点推动向北开放桥头堡建设取得突破性进展,又要积极扩大对东北亚、东南亚、中亚、西亚和欧洲的开放,密切交流合作,进一步拓展向东、向南、向西开放的

---

① 《内蒙古日报》2016年12月2日,第1版。

② 参见安静赜:《发扬"蒙古马精神",推动经济健康发展》,《内蒙古日报》,2017年1月9日。

新空间，实现东西南北协同共进；既要积极“引进来”，吸收引进国外资金、技术和管理经验，又要坚持“走出去”，支持企业及个人到境外开展投资合作，扩大机电、重型装备、农畜产品等优势产品出口规模；既要坚持对外开放，又要深化国内区域合作，主动融入环渤海、京津冀、辽吉黑等地区发展，积极承接沿海地区先进产业转移，抓好跨地区重大基础设施建设和产业园区共建，在互利共赢中实现新的更大发展。

因而我们倡导和弘扬的“蒙古马精神”，要把开放、合作的时代特点融入基本内涵之中，这既是传统文化精神和时代精神相结合的产物，又是理论与实践相结合的产物，也使得“蒙古马精神”更具有影响力和号召力。

（二）将社会主义核心价值观融入“蒙古马精神”

新时期弘扬“蒙古马精神”，其目的就在于使全区各族干部群众更加坚定地干事业、勇担责。让“蒙古马精神”发挥更加积极的作用，首先就是要让更多人了解“蒙古马精神”，让更多的群众产生认同感，将其融入我国大力弘扬的社会主义核心价值观，让人民真切感受到其可操作性。党的十八大报告明确提出了“倡导富强、民主、文明、和谐，倡导自由、平等、公正、法治，倡导爱国、敬业、诚信、友善，积极培育和践行社会主义核心价值观”。我们要借鉴社会主义核心价值观融入社会、融入群众的方式，将“蒙古马精神”嵌入日常生活的情感之中。对“蒙古马精神"的认同,需要以理服人,更要以情感人。一方面,树立践行"蒙古马精神"的楷模,利用榜样的力量激发民众的认同感;另一方面,充分利用媒体的资源,运用群众熟知的语言和喜闻乐见的方式宣传"蒙古马精神",为弘扬"蒙古马精神"、推进自治区各项事业稳步发展营造一个宽松积极的氛围。

(三)将建设亮丽风景线的目标融入"蒙古马精神"

从全国的目标看,我们现有的任务就是为实现"中国梦"而奋斗,从自治区本身看,我们的目标是守望相助,建设北疆亮丽风景线。但不论是大梦还是小梦,我们都得将目标落到实处,一步一个脚印,"不积跬步无以至千里,不积小流无以成江海"。"要深刻领会、坚决贯彻总书记关于扎实推动经济高质量发展的重要指示,突出抓好产业结构转型升级,发展好现代能源经济,大力培育新产业、新动能、新增长极,有效防范化解债务风险,加强生态环境保护建设,促进经济持续健康发展。要深刻领会、坚决贯彻总书记关于扎实推进脱贫攻坚的重要指示,瞄准深度贫困地区集中发力,注重解决好因病致贫问题,认真开展扶贫领域腐败和作风问题专项治理,深入实施乡村振兴战略,坚决打赢脱贫攻坚战。要深刻领会、坚决贯彻总书记关于扎实推进民族团结和边疆稳固的重要要求,坚持和完善民族区域自治制度,深化民族团结进步教育,大力培育和践行社会主义核心价值观,妥善处理少数民族和民族地区发展中的各种利益矛盾，把祖国北疆安全稳定屏障建设得更加牢固，让'模范自治区'崇高荣誉在新时代绽放更加夺目的光彩。"①作为实现自治区目标的精神动力，就是要将"蒙古马精神"融入自治区经济社会发展的各个领域，按照习近平总书记的重要指示和殷殷嘱托，以"蒙古马精神"助推亮丽风景线目标的早日实现，不断发扬吃苦耐劳、一往无前的工作作风，守望相助，团结奋斗，推进自治区各项事业迈上新的台阶。

① 李纪恒：《打造亮丽北部边疆》，《人民日报》2018 年 3 月 6 日(13)。

第三章

“蒙古马精神”与“中国梦”的关联

习近平总书记指出："实现中国梦，是物质文明和精神文明均衡发展、相互促进的结果。""中国梦"的实现不但需要持续增长的物质技术支撑，而且需要深深渗透于中华民族伟大传统文化的精神文明的强力支持。作为孕育于中华民族传统文化的"蒙古马精神"既是支撑内蒙古人民奋进的理想信念，又是实现"中国梦"的内在精神动力，它鼓舞和鞭策着内蒙古各族人民以吃苦耐劳、一往无前的精神共同创造今天内蒙古团结祥和、进步繁荣的景象，并向着守望相助，团结奋斗，打造祖国北部边疆亮丽风景线的目标继续迈进。

第一节 “中国梦”是指引全国人民奋发图强、团结富裕的精神支柱

纵观中国古代、近代、现代和当代的历史,没有一种社会发展思想理念和规划能像“中国梦”这样赢得如此众多的人民群众的衷心爱戴和发自内心地去参与和执行。在当代中国特色社会主义伟大实践征程中,“中国梦”已经成为指引全国人民奋发图强、团结富裕的精神支柱。

一、“中国梦”的提出和内涵

“中国梦”是习近平总书记在十八大以后提出的关系新时期中华民族生存发展的战略性梦想和规划,“中国梦”的提出体现了以习近平为核心的党的新一代领导集体的高瞻远瞩。这一梦想的提出和实践,对 21 世纪当代中国的社会发展进程

产生了广泛而深远的影响。

（一）“中国梦”的提出及其背景

2012年11月29日，在参观《复兴之路》展览时，习近平总书记说：“实现中华民族伟大复兴，就是中华民族近代以来最伟大的梦想。这个梦想，凝聚了几代中国人的夙愿，体现了中华民族和中国人民的整体利益，是每一个中华儿女的共同期盼。历史告诉我们，每个人的前途命运都与国家和民族的前途命运紧密相连。国家好，民族好，大家才会好。”①自此，“中国梦”开始受到广泛的关注与研究。可以说，“中国梦”在中国取得了社会主义市场经济巨大成就、建立了稳定的社会主义民主政治制度、提升了社会主义文化软实力、着力于社会主义社会建设和生态文明建设的今天，以“中国梦”凝聚民族精神、鼓舞民族斗志，从而实现中华民族伟大复兴是合乎时宜的。在封建社会，统治阶级闭关锁国，对国情世情的无视不但导致被统治阶级的受剥削程度日益加深，而且致使中国错失了实现现代化的发展良机，广大劳苦群众则为统治阶级意识形态所教化和束缚，缺乏自己作为历史主体的意识，也鲜有承担国家富强繁荣的使命感，梦想更无从谈起。从近代鸦片战争至新民主主义革命开始，推翻三座大山的压迫和洗刷民族耻辱成为各进步阶

① 《习近平总书记深情阐述“中国梦”》，《人民日报》2012年11月30日。

级、阶层的梦想，但各种实践的探索由于缺乏科学理论的指导而多流为实现本阶级、阶层甚至个别人利益的工具，没有找到一条适合中国国情的正确道路，决定了梦想缺乏现实的社会根基。从新民主主义革命开始到社会主义制度确立，中国共产党领导广大人民找到了一条正确的革命道路，完成了民族独立与人民解放两大任务，但将国家从积贫积弱的困境中解脱出来，将人民群众从物质、思想、文化的落后中解放出来，集中精力进行社会主义建设迫在眉睫，有关建立一整套经济与政治制度、法律与文化设施的讨论显然比追逐“中国梦”的提法更加实际。社会主义建设初期，新生无产阶级政权既要克服社会主义建设的重重压力，又要面对国际环境的风雨飘摇。中国共产党领导中国人民以改革开放破解社会主义建设难题，开辟了中国特色社会主义道路，形成了中国特色社会主义理论体系，确立了中国特色社会主义制度，奠定了现代化建设的根基。然而我们仍旧面临西方敌对势力企图阻碍中国发展进程的威胁，“韬光养晦”就成为中国在自我定位和面向世界时的战略选择。21 世纪头十年，中国的 GDP(国内生产总值)从世界第六位跃升到世界第二位，社会生产力、经济实力、科技实力迈上一个大台阶，人民生活水平、居民收入水平、社会保障水平迈上一个大台阶，综合国力、国际竞争力、国际影响力迈上一个大台阶，国家面貌发生新的历史性变化。改革开放以来，举世瞩目的辉煌成就极大程度地鼓舞了民族自信心。党的十五大报告首次提出“两个一百年”奋斗目标，一是“到中国共产党成立一百年时全面建成小康社会”，二是“到新中国成立一百年时建成富强、民主、文明、和谐的社会主义现代化国家”。“两个一百年”奋斗目标，与“中国梦”一起，成为引领中国前行的时代号召。党的十八大描绘了全面建成小康社会、加快推进社会主义现代化的宏伟蓝图。向全国人民发出了向实现“两个一百年”奋斗目标进军的时代号召。“两个一百年”自此成为一个固定关键词，成为全国各族人民的奋斗目标。党的十九大报告进一步清晰描绘了全面建成社会主义现代化强国的时间表、路线图。在2020年全面建成小康社会，实现第一个百年奋斗目标基础上，再奋斗15年，在2035年基本实现现代化。到本世纪中叶，把我国建成富强、民主、文明、和谐、美丽的社会主义现代化强国。

习近平总书记在国家博物馆参观《复兴之路》展览时梳理了中华民族发展的历史轨迹。他说：“《复兴之路》这个展览，回顾了中华民族的昨天，展示了中华民族的今天，宣示了中华民族的明天，给人以深刻教育和启示。中华民族的昨天，可以说是‘雄关漫道真如铁’。近代以后，中华民族遭受的苦难之重、付出的牺牲之大，在世界历史上都是罕见的。但是，中国人民从不屈服，不断奋起抗争，终于掌握了自己的命运，开始了建设自己国家的伟大进程，充分展示了以爱国主义为核心的伟大民族精神。中华民族的今天，正可谓‘人间正道是沧桑’。改革开放以来，我们总结历史经验，不断艰辛探索，终于找到了实现中华民族伟大复兴的正确道路,取得了举世瞩目的成果。这条道路就是中国特色社会主义。中华民族的明天,可以说是‘长风破浪会有时’。经过鸦片战争以来 170 多年的持续奋斗,中华民族伟大复兴展现出光明的前景。现在,我们比历史上任何时期都更接近中华民族伟大复兴的目标,比历史上任何时期都更有信心、有能力实现这个目标。”①

习近平总书记指出:“每个人都有理想和追求,都有自己的梦想。现在,大家都在讨论‘中国梦’,我以为,实现中华民族伟大复兴,就是中华民族近代以来最伟大的梦想。……我坚信,到中国共产党成立 100 年时全面建成小康社会的目标一定能实现,到新中国成立 100 年时建成富强民主文明和谐的社会主义现代化国家的目标一定能实现,中华民族伟大复兴的梦想一定能实现。”②“中国梦”这一精神火炬经习近平总书记点燃后,迅速照耀和温暖了全球中华儿女,激发和凝聚了中国力量,显示出巨大的包容性、鲜明的人民性、深厚的人文性、强烈的时代性,成为响彻大江南北并引导全体干部群众的美好理想。

(二)“中国梦”的内涵

“中国梦”虽然只有简单的三个字,却具有非常丰富的、异

---

① 习近平:《承前启后　继往开来　继续朝着中华民族伟大复兴目标奋勇前进》,《人民日报》,2012 年 11 月 30 日。

② 习近平:《承前启后　继往开来　继续朝着中华民族伟大复兴目标奋勇前进》,《人民日报》,2012 年 11 月 30 日。

常深刻的内涵。这个通俗形象的概括,既揭示了近代以来中国历史发展的主体和线索,又彰显了全国各族人民的共同愿望和宏伟愿景。“中国梦”遵从的是国家好,民族好,大家才会好的历史逻辑,目标是实现国家富强、民族振兴、人民幸福,让全体人民共同享有人生出彩的机会,共同享有梦想成真的机会,共同享有同祖国和时代一起成长与进步的机会。国家富强、民族振兴、人民幸福也成为“中国梦”的具体内容。

理解“中国梦”,要把握国家富强、民族振兴、人民幸福这三个方面具体内容。2013 年 5 月,习近平总书记在接受拉美三国媒体联合采访时指出:“在新的历史时期,‘中国梦’的本质是国家富强、民族振兴、人民幸福。”

1. 国家富强

国家富强的基础和主体是经济发展。只有实现经济持续健康发展,才能牢固国家繁荣富强、人民幸福安康、社会和谐稳定的物质基础。实现富强是中华民族的百年梦想。中华民族历经磨难,自强不息,从未放弃对美好梦想的向往和追求。实现中华民族伟大复兴的“中国梦”是近代以来中华民族的夙愿。外国报纸评论道:“富强是中国的国家目标。”建设社会主义现代化国家,首要的任务是实现国家富强,即经济实力、国防实力和科学技术力量等综合国力的全面提高。国家的昌盛,人民的富强,说到底是经济实力的问题。国际竞争,说到底是经济实力的竞争。经济发展了,国力强大了,我们才能有力量抵御人、自然和社会的风浪，顶住任何外来的威胁和压力。对于中国来说，实现了国家富强，我们才能满足人民日益增长的物质文化需要，提高人民生活水平，才能彻底摆脱近代以来的苦难命运，在世界经济政治舞台上处于主动地位，为人类做出更大贡献。国家富强，就是要适应国内外经济形势的新变化，加快形成新的经济发展方式，把推动发展的立足点转到提高质量和效益上来，努力增强创新能力和经济发展活力，不断增强长期发展的后劲，切实增强综合国力和国际竞争力，使中国成为对世界的发展具有举足轻重影响的经济大国和经济强国。[1]

2. 民族振兴

民族振兴的核心是民族凝聚力、文化影响力和道德认同力的形成。[2] 我们今天强调实现民族振兴，主要是指在中国共产党的领导下尽快实现中华民族伟大复兴的战略目标和远大追求。在中国近现代史上具有忧患意识的人们总思考这样一个问题：中国向何处去？在严酷的现实面前，确有一些人悲观。比如他们会问：“中国人种不如别人吗？”一些人认为白种人是优等民族，黄种人是劣等民族，因此，中国人不如外国人，中国必定要落后。又如，人们问：“中国永远要落后吗？”鸦片战争直到抗日战争胜利前，中国人民的多次反抗都失败了。一些人

---

① 参见曹力铁：《把握好“中国梦”的重要意义深刻内涵》，《杭州日报》2013年7月29日。

② 参见曹力铁：《把握好“中国梦”的重要意义深刻内涵》，《杭州日报》2013年7月29日。

曾经产生怀疑,似乎中华民族不可救药了,中国永远都赶不上西方资本主义国家了。中华民族的苦难同时教育了中国人,屈辱和斗争的历史成为中国人民宝贵的财富,并不断获得历史的补偿,成为中华民族振兴的精神动力。中国的改革开放成为中华民族繁荣昌盛的前兆,在长达30多年的时间里,中国国民经济保持了高增长,中国的生产力水平、综合国力、人民的生活水平都迈上了一个更高的台阶。习近平总书记在接受金砖国家媒体联合采访时指出:"实现中华民族伟大复兴的'中国梦'是近代以来中华民族的夙愿。1840年鸦片战争之后,中华民族蒙受了百年的外族入侵和内部战争,中国人民遭遇了极大的灾难和痛苦,真正是苦难深重、命运多舛。中国人民发自内心地拥护实现'中国梦',因为'中国梦'首先是13亿中国人民的共同梦想。"①

3. 人民幸福

无论是国家的富强梦还是民族的振兴梦,归根到底是人民的幸福梦。国家富强、民族振兴的出发点和归宿都是为了人民幸福。人民幸福是国家富强和民族振兴的根本目的。"中国梦"归根到底就是要使生活在中国这片土地上的中国人民共享人生出彩的机会,共享梦想成真的机会,共同享有同祖国和时代一起成长与进步的机会,就是要不断实现好、维护好、发展

① 《习近平接受金砖国家媒体联合采访》,《人民日报》,2013年3月20日。

好最广大人民的根本利益,使发展成果更多更公平地惠及全体人民,在经济社会不断发展的基础上,朝着共同富裕的方向稳步前进。① 另外,中国人民的幸福与世界人民的幸福是分不开的,中国要实现“中国梦”不仅仅是为了中国人民的幸福,同时也是为了世界各国人民的幸福。为人民谋幸福是我们党全心全意为人民服务的宗旨的体现,是党的群众路线的重要组成部分,是贯穿党的历史的一条红线。我们党认为,人民群众是我们的力量之源和胜利之本,是国家的主人。党所从事的一切,无论是革命建设还是改革,都是为人民谋利益。人民群众的困难就是我们的困难,他们的需要就是我们的需要,他们的幸福就是我们的幸福。除了人民群众的利益,我们党没有任何特殊的利益。“中国梦”的提出正是为了更好地实现人民的利益。正如习近平总书记在十八届中央政治局常委同中外记者见面时的讲话中所指出的:“我们的人民是伟大的人民。在漫长的历史进程中,中国人民依靠自己的勤劳、勇敢、智慧,开创了各民族和睦共处的美好家园,培育了历久弥新的优秀文化。我们的人民热爱生活,期盼有更好的教育、更稳定的工作、更满意的收入、更可靠的社会保障、更高水平的医疗卫生服务、更舒适的居住条件、更优美的环境,期盼着孩子们能成长得更好、工作得更好、生活得更好。人民对美好生活的向往,就是我们奋斗的

① 参见曹力铁:《把握好“中国梦”的重要意义深刻内涵》,《杭州日报》,2013年7月29日。

目标。”“中国梦”是建设美好生活的幸福梦,就是要使人民过上更美好、更幸福的生活。一个个鲜活生动的个人幸福梦的实现,就是向着国家梦、民族梦的实现一步一步迈进。

国家富强、民族振兴、人民幸福共同体现了“中国梦”的科学内涵。国家富强、民族振兴、人民幸福作为“中国梦”的三个重要组成部分,三者不是孤立的,我们要深刻把握国家富强、民族振兴、人民幸福的有机统一,以此来领会“中国梦”的本质,把握其深刻内涵。在现代化发展中作为后发型的国家,国家富强、民族振兴、人民幸福三者是紧密相连,互相支持,共同发展的。中国的发展首先要解决的是实现民族独立和人民解放,改变国家、民族积贫积弱的状况,为实现人民的幸福创造条件并逐步加以实现。在人民幸福这个方面,主要是强调人民的整体利益,强调长远利益和当前利益相结合,而不能仅仅局限于个人的幸福。因此,为了实现国家富强、民族振兴和人民幸福,无数仁人志士抛头颅、洒热血,牺牲小我、成就大我。这种放弃和牺牲个人利益,为国家富强、民族振兴和人民幸福而奋斗的精神,是以爱国主义为核心的中国精神的具体体现,也是“中国梦”最典型的实践。正是如此,我们才能够赢得反帝反封建的胜利,建立人民民主专政的社会主义国家,为“中国梦”的实现创造必要的前提。也正是如此,我们才能通过改革开放、艰苦奋斗取得举世瞩目的建设成就,一步一步接近“中国梦”的实现。从中国发展的特点我们可以看到,“中国梦”更加强调国家富强、民族振兴、人民幸福的有机结合,要求把国家、民族的发展和人民的整体利益、长远利益放在更加突出的地位。

(三)"中国梦"的具体表现形式

习近平指出:"实现中华民族伟大复兴,就是中华民族近代以来最伟大的梦想。"[①]从中华人民共和国诞生以来党领导全国各族人民一直走在实现"中国梦"的伟大征程中,将国家富强、民族振兴和人民幸福包含在内的"中国梦"在不同的历史时期又表现为不同的形式,这些形式主要体现在我们党领导的社会主义革命、社会主义建设和改革实践过程中提出的一个又一个战略目标中。

1. 中华人民共和国成立前后到改革开放时期

早在 1949 年中华人民共和国成立前夕召开的党的七届二中全会上,我们党就提出努力使我国稳步地由农业国转变为工业国,把我国建设成为一个伟大的社会主义强国的任务。1956 年召开的党的第八次全国代表大会指出:"我们国内的主要矛盾,已经是人民对于建立先进的工业国的要求同落后的农业国的现实之间的矛盾,已经是人民对于经济文化迅速发展的需要同当前经济文化不能满足人民需要的状况之间的矛盾。这一矛盾的实质,在我国社会主义制度已经建立的情况下,也就是

---

① 习近平:《承前启后 继往开来 继续朝着中华民族伟大复兴目标奋勇前进》,《人民日报》2012 年 11 月 30 日。

先进的社会主义制度同落后社会生产力之间的矛盾。党和全国人民的当前的主要任务,就是要集中力量来解决这个矛盾,把我国尽快地从落后的农业国变为先进的工业国。这个任务是很艰巨的,我们必须在经济、政治、文化等方面采取正确的政策,团结国内外一切可能团结的力量,利用一切有利的条件,来完成这个伟大的任务。"[①]1964 年我们党又提出实现四个现代化的宏伟奋斗目标:"在不太长的历史时期内,把我国建设成为一个具有现代农业、现代工业、现代国防和现代科学技术的社会主义强国。"[②]

2. 改革开放前期

实行改革开放以后,我们在建设中国特色社会主义道路上继续为实现国家富强、民族振兴、人民幸福的目标而奋斗。党的十三大报告明确提出"三步走"发展战略,指出:"党的十一届三中全会以后,我国经济建设的战略部署大体分三步走。第一步,实现国民生产总值比一九八〇年翻一番,解决人民的温饱问题。这个任务已经基本实现。第二步,到本世纪末,使国民生产总值再增长一倍,人民生活达到小康水平。第三步,到下个世纪中叶,人均国民生产总值达到中等发达国家水平,人民生活比较富裕,基本实现现代化。然后,在这个基础上继续

① 中共中央文献研究室编:《建国以来重要文献选编(第九册)》,中央文献出版社,1994 年。

② 周恩来:第三届全国人民代表大会第一次会议政府工作报告,1964 年 12 月 21 日。

前进。”[1]在这个“三步走”的发展战略中,既包含了教育、科技、文化等社会事业不断发展,实现共同富裕、人民生活水平逐渐提高的内容,又体现了国际地位明显提高,国际影响力大大加强的内容,是一个包含了“国家富强、民族振兴、人民幸福”的发展战略。

3. 深化改革时期

进入21世纪,经过全党和全国各族人民的共同努力,在胜利实现现代化建设“三步走”战略的第一步、第二步目标,人民生活总体上达到小康水平之后。在党的十六大,我们党又适时提出全面建设小康社会的奋斗目标。党的十六大报告指出:“必须看到,我国正处于并将长期处于社会主义初级阶段,现在达到的小康还是低水平的、不全面的、发展很不平衡的小康,人民日益增长的物质文化需要同落后的社会生产之间的矛盾仍然是我国社会的主要矛盾。……巩固和提高目前达到的小康水平,还需要进行长时期的艰苦奋斗。”

“综观全局,二十一世纪头二十年,对我国来说,是一个必须紧紧抓住并且可以大有作为的重要战略机遇期。根据十五大提出的到二〇一〇年、建党一百年和新中国成立一百年的发展目标,我们要在本世纪头二十年,集中力量,全面建设惠及十几亿人口的更高水平的小康社会,使经济更加发展、民主更加

① 赵紫阳:《沿着中国特色的社会主义道路前进》,1987年10月25日。

健全、科教更加进步、文化更加繁荣、社会更加和谐、人民生活更加殷实。这是实现现代化建设第三步战略目标必经的承上启下的发展阶段,也是完善社会主义市场经济体制和扩大对外开放的关键阶段。经过这个阶段的建设,再继续奋斗几十年,到本世纪中叶基本实现现代化,把我国建成富强民主文明的社会主义国家。"

"全面建设小康社会的目标是:"

"——在优化结构和提高效益的基础上,国内生产总值到二〇二〇年力争比二〇〇〇年翻两番,综合国力和国际竞争力明显增强。基本实现工业化,建成完善的社会主义市场经济体制和更具活力、更加开放的经济体系。城镇人口的比重较大幅度提高,工农差别、城乡差别和地区差别扩大的趋势逐步扭转。社会保障体系比较健全,社会就业比较充分,家庭财产普遍增加,人民过上更加富足的生活。"

"——社会主义民主更加完善,社会主义法制更加完备,依法治国基本方略得到全面落实,人民的政治、经济和文化权益得到切实尊重和保障。基层民主更加健全,社会秩序良好,人民安居乐业。"

"——全民族的思想道德素质、科学文化素质和健康素质明显提高,形成比较完善的现代国民教育体系、科技和文化创新体系、全民健身和医疗卫生体系。人民享有接受良好教育的机会,基本普及高中阶段教育,消除文盲。形成全民学习、终身学习的学习型社会,促进人的全面发展。”

“——可持续发展能力不断增强,生态环境得到改善,资源利用效率显著提高,促进人与自然的和谐,推动整个社会走上生产发展、生活富裕、生态良好的文明发展道路。”

“这次大会确立的全面建设小康社会的目标,是中国特色社会主义经济、政治、文化全面发展的目标,是与加快推进现代化相统一的目标,符合我国国情和现代化建设的实际,符合人民的愿望,意义十分重大。……实现了全面建设小康社会的目标,我们的祖国必将更加繁荣富强,人民的生活必将更加幸福美好,中国特色社会主义必将进一步显示出巨大的优越性。”①

党的十七大报告在全面建设小康社会的目标基础上,适应国内外形势的新变化,顺应各族人民过上更好生活的新期待,把握经济社会发展趋势和规律,坚持中国特色社会主义经济建设、政治建设、文化建设、社会建设的基本目标和基本政策构成的基本纲领。在党的十六大确立的全面建设小康社会的目标基础上,对我国发展提出新的更高的要求。党的十七大报告指出:“我们已经朝着十六大确立的全面建设小康社会的目标迈出了坚实步伐,今后要继续努力奋斗,确保到二〇二〇年实现全面建成小康社会的奋斗目标。”

“——增强发展协调性,努力实现经济又好又快发展。转

① 江泽民:《全面建设小康社会,开创中国特色社会主义事业新局面——在中国共产党第十六次全国代表大会上的报告》,2002年11月8日。

变发展方式取得重大进展,在优化结构、提高效益、降低消耗、保护环境的基础上,实现人均国内生产总值到二〇二〇年比二〇〇〇年翻两番。社会主义市场经济体制更加完善。自主创新能力显著提高,科技进步对经济增长的贡献率大幅上升,进入创新型国家行列。居民消费率稳步提高,形成消费、投资、出口协调拉动的增长格局,城乡、区域协调互动发展机制和主体功能区布局基本形成。社会主义新农村建设取得重大进展,城镇人口比重明显增加。”

“——扩大社会主义民主,更好保障人民权益和社会公平正义。公民政治参与有序扩大。依法治国基本方略深入落实,全社会法制观念进一步增强,法治政府建设取得新成效。基层民主制度更加完善。政府提供基本公共服务能力显著增强。”

“——加强文化建设,明显提高全民族文明素质。社会主义核心价值体系深入人心,良好思想道德风尚进一步弘扬。覆盖全社会的公共文化服务体系基本建立,文化产业占国民经济比重明显提高,国际竞争力显著增强,适应人民需要的文化产品更加丰富。”

“——加快发展社会事业,全面改善人民生活。现代国民教育体系更加完善,终身教育体系基本形成,全民受教育程度和创新人才培养水平明显提高,社会就业更加充分。覆盖城乡居民的社会保障体系基本建立,人人享有基本生活保障。合理有序的收入分配格局基本形成,中等收入者占多数,绝对贫困现象基本消除。人人享有基本医疗卫生服务。社会管理体系更加健全。”

“——建设生态文明，基本形成节约能源资源和保护生态环境的产业结构、增长方式、消费模式。循环经济形成较大规模，可再生能源比重显著上升。主要污染物排放得到有效控制，生态环境质量明显改善。生态文明观念在全社会牢固树立。”

“到二〇二〇年全面建设小康社会目标实现之时，我们这个历史悠久的文明古国和发展中社会主义大国，将成为工业化基本实现、综合国力显著增强、国内市场总体规模位居世界前列的国家，成为人们富裕程度普遍提高、生活质量明显改善、生态环境良好的国家，成为人民享有更加充分民主权利、具有更高文明素质和精神追求的国家，成为各方面制度更加完善、社会更加充满活力而又安定团结的国家，成为对外更加开放、更加具有亲和力、为人类文明做出更大贡献的国家。”①

在提出上述奋斗目标的基础上，党的十八大报告又提出全面建成小康社会和全面深化改革开放的目标。党的十八大报告指出：“综观国际国内大势，我国发展仍处于可以大有作为的重要战略机遇期。”

“根据我国经济社会发展实际，要在十六大、十七大确立

① 胡锦涛：《高举中国特色社会主义伟大旗帜，为夺取全面建设小康社会新胜利而奋斗——在中国共产党第十七次全国代表大会上的报告》，2007 年 10 月 15 日。

的全面建设小康社会目标的基础上努力实现新的要求。”

“——经济持续健康发展。转变经济发展方式取得重大进展，在发展平衡性、协调性、可持续性明显增强的基础上，实现国内生产总值和城乡居民人均收入比二〇一〇年翻一番。科技进步对经济增长的贡献率大幅上升，进入创新型国家行列。工业化基本实现，信息化水平大幅提升，城镇化质量明显提高，农业现代化和社会主义新农村建设成效显著，区域协调发展机制基本形成。对外开放水平进一步提高，国际竞争力明显增强。”

“——人民民主不断扩大。民主制度更加完善，民主形式更加丰富，人民积极性、主动性、创造性进一步发挥。依法治国基本方略全面落实，法治政府基本建成。司法公信力不断提高，人权得到切实尊重和保障。”

“——文化软实力显著增强。社会主义核心价值体系深入人心，公民文明素质和社会文明程度明显提高。文化产品更加丰富，公共文化服务体系基本建成，文化产业成为国民经济支柱性产业，中华文化走出去迈出更大步伐，社会主义文化强国建设基础更加坚实。”

“——人民生活水平全面提高。基本公共服务均等化总体实现。全民受教育程度和创新人才培养水平明显提高，进入人才强国和人力资源强国行列，教育现代化基本实现。就业更加充分。收入分配差距缩小，中等收入群体持续扩大，扶贫对象大幅减少,社会保障全民覆盖,人人享有基本医疗卫生服务,住房保障体系基本形成,社会和谐稳定。”

“——资源节约型、环境友好型社会建设取得重大进展。主体功能区布局基本形成,资源循环利用体系初步建立。单位国内生产总值能源消耗和二氧化碳排放大幅下降,主要污染物排放总量显著减少。森林覆盖率提高,生态系统稳定性增强,人居环境明显改善。”

“全面建成小康社会,必须以更大的政治勇气和智慧,不失时机深化重要领域改革,坚决破除一切妨碍科学发展的思想观念和体制机制弊端,构建系统完备、科学规范、运行有效的制度体系,使各方面制度更加成熟更加定型。要加快完善社会主义市场经济体制,完善公有制为主体、多种所有制经济共同发展的基本经济制度,完善按劳分配为主体、多种分配方式并存的分配制度,更大程度更广范围发挥市场在资源配置中的基础性作用,完善宏观调控体系,完善开放型经济体系,推动经济更有效率、更加公平、更可持续发展。加快推进社会主义民主政治制度化、规范化、程序化,从各层次各领域扩大公民有序政治参与,实现国家各项工作法治化。加快完善文化管理体制和文化生产经营机制,基本建立现代文化市场体系,健全国有文化资产管理体制,形成有利于创新创造的文化发展环境。加快形成科学有效的社会管理体制,完善社会保障体系,健全基层公共服务和社会管理网络,建立确保社会既充满活力又和谐有序的体制机制。加快建立生态文明制度,健全国土空间开发、资源节约、生态环境保护的体制机制,推动形成人与自然和谐发展现代化建设新格局。"①

到2020年,国内生产总值和城乡居民人均收入在2010年基础上翻一番,全面建成小康社会,到21世纪中叶,建成富强民主文明和谐的社会主义现代化国家,实现中华民族伟大复兴的"中国梦",这是我们的宏伟奋斗目标。在新的历史时期,"中国梦"的本质是国家富强、民族振兴、人民幸福。正如习近平总书记指出的:"实现全面建成小康社会,建成富强民主文明和谐的社会主义现代化国家的奋斗目标,实现中华民族伟大复兴的'中国梦',就是要实现国家富强、民族振兴、人民幸福,既深深体现了今天中国人的理想,也深深反映了我们先人们不懈追求进步的光荣传统。"②面对十八大以来"中国梦"新的具体表现形态,面对浩浩荡荡的时代潮流,面对人民群众过上更好生活的迫切期待,我们不能有丝毫自满,不能有丝毫懈怠,必须再接再厉、一往无前,继续把中国特色社会主义事业推向前进,继续为实现中华民族伟大复兴的"中国梦"而奋斗。

---

① 胡锦涛:《坚定不移沿着中国特色社会主义道路前进,为全面建成小康社会而奋斗》,《十八大以来重要文献选编(上)》,中央文献出版社,2014年版。

② 习近平:《在第十二届全国人民代表大会第一次会议上的讲话》,2013年3月17日。

二、“中国梦”的当代历史意义

“中国梦”的提出既不是虚无缥缈的空想之梦,又不是无法企及的遥远之梦,而是中国共产党可以带领中国人民亲手创造的脚踏实地的美好未来,即在21世纪实现中华民族的伟大复兴的奋斗目标。正是在探索和阐释“中国梦”的渊源、内涵、愿景和实现途径的过程中,我们逐渐厘清了“中国梦”提出的当代历史意义:“中国梦”的提出凸显当前中国特色社会主义实践的四大自信——道路自信、理论自信、制度自信和文化自信。也正是这四个自信,让“中国梦”不仅成为中国人民的福祉,也正造福于世界人民。“一带一路”倡议的提出和迅速实施,正是“中国梦”与他国梦共融,“中国梦”为世界各国所接纳的最好证明。

(一)“中国梦”彰显了中国共产党的道路自信

道路关乎党的命脉,关乎国家前途、民族命运、人民幸福。近代中国经历了太多有关何去何从的痛苦抉择,袁世凯所希冀复辟的封建主义帝制早已为人民深恶痛绝,梁启超主张效仿欧洲的君主立宪制也在各种势力对权力的争夺中宣告失败,孙中山提出的共和制也未得到占中国人口绝大多数的农民阶级的支持和拥护。正如习近平同志所说,“鞋子合不合脚,自己穿着才知道”,一味照搬照抄别国模式注定无法使本国的土壤上开出他国花,况且一条道路的正确与否须放在历史的长阶段加以判断。比如,日本在“明治维新”后走上了全盘西化的道路,革除了旧社会的一些弊病,取得了一定时期内经济社会的繁荣。然而自 20 世纪 90 年代以来,日本经济长期停滞不前,统治阶级权力斗争带来了政坛持续混乱,政府公信力持续下降,在新时期的发展中明显缺乏后劲。或者,二战后东欧各社会主义国家在建设社会主义的过程中全盘照搬苏联模式,对苏联模式不加扬弃地盲目效仿吃尽了苦头。中国共产党顺应历史趋势选择了马克思主义的科学原理与社会主义康庄大道。中国社会主义制度确立之后,毛泽东同志果断提出摆脱苏联模式,强调国情和创造性,寻找一条适合中国的建设社会主义的道路,在这一正确思想的指导下,中国共产党对社会主义建设的初步探索取得了丰富的思想与实践成果。邓小平同志总结我国社会主义建设初步探索过程中的历史教训,仔细考量了中国处于并将长期处于社会主义初级阶段的基本国情,直面中国作为一个人口多、底子薄的东方大国所面临的严峻挑战,提出“过去搞民主革命,要适合中国情况,走毛泽东同志开辟的农村包围城市的道路。现在搞建设,也要适合中国情况,走出一条中国式的现代化道路”①,并最终在党的十二大上确定了“建设有中国特色的社会主义”这条寓个性于共性之中的道路,自此揭开了实现中华民族伟大复兴的新篇章。

坚持走中国特色社会主义道路,要坚持党的基本路线不动摇。坚持“一个中心,两个基本点”代表了中国现代化建设的社会主义方向。背离了经济建设的中心,就无法解决人民日益增长的物质文化需要同落后的社会生产之间的矛盾,物质基础的薄弱将决定其他一切工作无法开展;抛弃了四项基本原则,就斩断了立国的根基,走上了“改旗易帜的邪路”,自然也无法代表最广大人民的根本利益;中止了改革开放,就阻塞了强国之路,就否认了前三十多年来取得的辉煌成绩。这条道路是共产党领导下中国人民在无数次失败的探索后找到的,是实践证明的正确的道路,不能因为发展和前进道路中出现过一点曲折就否定它,要看到它由科学的指导思想所赋予的强大的生命力,必须一以贯之地走下去。

坚持走中国特色社会主义道路,不代表一成不变。马克思主义是开放的理论体系,这决定了中国特色社会主义是与时俱进的。走中国特色社会主义道路,并不是走“封闭僵化的老路”。每个历史阶段都有不同的世情、国情,都有亟待解决的新问题,都有不同的思潮产生,如果循规蹈矩,就违背了中国特

① 邓小平:《邓小平文选》,第2卷,北京:人民出版社:1994,第163页。

色的初衷。改革开放后中国共产党每五年一届的党的代表大会,历次都总结反思以往的经验教训,分析今后一段时期的形势,有的放矢地展开各个领域的工作。依据不同阶段发展中国特色社会主义的需要,党的指导思想实现了从邓小平理论到“三个代表”重要思想再到科学发展观的与时俱进,分别回答了“什么是社会主义,怎样建设社会主义”“建设什么样的党,怎样建设党”“实现什么样的发展,怎样发展”一系列基本问题,社会主义事业总体布局从物质文明与精神文明两手抓,到“三位一体”“四位一体”再到经济建设、政治建设、文化建设、社会建设、生态建设“五位一体”。从中国的实际出发,是中国共产党领导中国特色社会主义建设不断取得胜利和成就的科学依据。坚持党的基本路线和与时俱进已经使中国特色社会主义建设取得了实践上的伟大成就、积累了宝贵的经验,而且决定了这条道路在理论上符合共产党执政规律、社会主义建设规律、人类社会发展规律。实现中华民族伟大复兴的“中国梦”的提出更加彰显了中国共产党的道路自信,实践证明,只有坚定信心,继续在这条道路上走下去,才能实现全面建成小康社会和完成社会主义现代化的阶段性目标,最终确保民族复兴这一“中国梦”的实现。前进的道路必然不会一帆风顺,各种风险的考验和各种思潮的干扰无法避免,坚定的道路自信是抵御风险变幻的顽强堡垒,奠定了实现“中国梦”的基础。

(二)“中国梦”彰显了中国共产党的理论自信

中国共产党选择的社会主义道路是马克思主义基本原理的实践成果,离开马克思主义科学理论的指导,便不可能有今天的成就。马克思主义的科学性与开放性铸就了坚定的理论自信。

1.理论自信取决于坚定的马克思主义立场

从近代以来中国的进步知识分子选择以马克思主义学说作为夺取革命胜利、建立先进制度的理论武器开始,就注定了人民群众受剥削受压迫的时代一去不复返。因为马克思主义以辩证唯物主义和历史唯物主义为理论基础阐明了社会形态进化的规律,从生产关系揭露了剥削的实质,使人民群众获得了生产资料,从而赋予其真正的主体地位,以无产阶级解放和人类自由而全面发展为价值取向,以基于实践的批判精神为理论原则。在马克思主义的指导下,广大人民彻底推翻了旧制度,建立起人民民主专政,在社会主义的道路上走向安居乐业。“中国梦”不是少数人的梦,而是最广大人民群众幸福安康之梦,是整个中华民族繁荣昌盛之梦,因而一切为剥削阶级服务的理论都是不可取的。尽管资本主义社会的一度繁荣扩大了意识形态的影响力,但一次比一次严重的经济社会危机最终引发全球范围内对马克思主义的关注及反思,马克思主义正以其理论的科学性展现出强大生命力,以全人类的解放为理论旨趣的科学理论必将最终为历史所选择。这是中国共产党理论自信的根本来源。

2. 理论自信取决于马克思主义中国化的与时俱进

如上所述,即便选择了一种正确的指导思想,中国共产党也没有止于照搬照抄的教条式应用,而是一直致力于马克思主义本土化。马克思主义中国化的第一次历史飞跃是马克思主义同中国革命和建设的实际相结合,产生了毛泽东思想这一理论成果;马克思主义中国化的第二次飞跃是马克思主义同中国社会主义建设的实际相结合,产生了中国特色社会主义理论体系。坚持走中国特色社会主义道路,就必须坚持解放思想、实事求是、与时俱进的思想路线,在解决新问题的实践中不断丰富中国特色社会主义理论体系的内容。中国共产党对与时俱进理论品质的守护,对发展的新局面的持续关注,将会继续拓展当代中国马克思主义发展的新境界,从而保证了思想武器的先进性、科学性。这是中国共产党理论自信的直接来源。

3. 理论自信取决于马克思主义大众化的有力推进

理论自信不仅是党员干部的理论信仰,还应该是广大人民群众的理论认同。马克思的理论学说从不是“书斋的学问”,而是能切实解决实践问题的思想武器,所以它应该为人民所掌握,人民大众的普遍认同则会助力理论自信的加强。在革命和建设的实践中,中国共产党始终致力于在马克思主义理论宣传中引入中国文化传统,着力于以老百姓喜闻乐见的形式实现马克思主义的通俗化、大众化。在这个过程中,中国文化与马克思主义实现了融合。马克思主义诞生于欧洲,被“移植”到中国后必然面临水土不服的问题,故此只有以中国人民的方式去诠释马克思主义,才能令它在中华文化土壤中结出硕果。毛泽东与邓小平都乐于以生动活泼的比喻、通俗易懂的语言、朴实常见的媒介宣传马克思主义思想;随着人民物质文化需要的升级,党中央不但注重传统文化的复兴,而且更注重从人民群众根本利益的角度出发阐释和宣传中国特色社会主义理论。让人民群众更深刻地体会到中国特色社会主义理论与民生改善和文明进步息息相关,是最便捷地实现马克思主义大众化、增强他们的理论自信的途径。这是中国共产党理论自信的有效来源。

习近平同志在出席中共中央党校建校80周年庆祝大会暨2013年春季学期开学典礼并发表重要讲话时要求全党同志特别是各级领导干部都要有加强学习的紧迫感,都要一刻不停地增强本领。这是在新的历史时期对全党学习理论发出的一次动员令,也是在告诫全党必须不断增强本领,没有理论自信的社会主义建设将是无源之水、无本之木,实现“中国梦”必须有正确的理论做指导。中国共产党从诞生之日起就一直非常重视理论学习和理论创新,强调要学会用马克思主义的箭射中国革命的靶子,毛泽东思想就是马克思列宁主义普遍原理和中国革命具体实践相结合的伟大产物,这是马克思主义中国化的第一次历史性飞跃。正如习近平同志所强调:“马克思列宁主义、毛泽东思想一定不能丢,丢了就丧失根本。”①历史和现实都已经证明,毛泽东思想是我们党最宝贵的精神财富。

建设有中国特色社会主义的理论是马克思主义基本原理同中国具体实际和时代特征相结合的伟大产物,是马克思主义中国化的最新成果,是马克思主义中国化的第二次历史性飞跃。“中国梦”的提出更加突出地体现出中国特色社会主义理论体系指引实现“中国梦”的前进方向,是我们党和国家必须坚定信仰、长期坚持的指导思想。

坚持中国特色社会主义理论自信,我们应该坚持解放思想、实事求是、与时俱进、求真务实的思想路线,坚决反对主观主义、教条主义和经验主义,坚持用发展着的马克思主义指导我们的建设实践,纠正对“一切以经济建设为中心”等思想的片面理解,尤其是坚决反对将其解读为“一切工作以 GDP 增长为中心”,形成一种单纯的 GDP 崇拜,导致精神文明和意识形态建设被轻视、边缘化甚至被淡忘,整个社会出现道德滑坡、信仰迷失、极端物质化的危险现象,让“中国梦”彻底远离环境污染和精神污染。

(三)“中国梦”彰显了中国共产党的制度自信

制度来源于实践,中国特色社会主义制度来源于中国共产

① 习近平:《紧紧围绕坚持和发展中国特色社会主义 学习宣传贯彻党的十八大精神》,《人民日报》2012 年 11 月 19 日。

党带领全国人民走中国特色社会主义道路的伟大实践。按照党的十八大的阐释:“中国特色社会主义制度,就是人民代表大会制度的根本政治制度,中国共产党领导的多党合作和政治协商制度、民族区域自治制度以及基层群众自治制度等基本政治制度,中国特色社会主义法律体系,公有制为主体、多种所有制经济共同发展的基本经济制度,以及建立在这些制度基础上的经济体制、政治体制、文化体制、社会体制等各项具体制度。”[①]这样的制度设计从根本上保证了中国共产党执政基础的广泛性、执政地位的牢固性、执政方针的科学性、执政布局的全面性,保证了社会主义方向的不动摇、代表人民群众根本利益的不动摇、各民族共同繁荣稳定的大局不动摇。

1. 道路的正确方向决定了对中国特色社会主义制度优越性的自信

确切而言,决定对中国特色社会主义制度优越性的自信,其根本是中国特色社会主义道路的正确方向。人民代表大会制度保障了人民通过选举自己的代表行使国家权力、体现自己的意志,真正实现了人民当家做主;全国人民代表大会作为最高立法机关与最高权力机关,体现了马克思提出的“议行合一”这一无产阶级国家政权组织重要原则,有效规避了资产阶级“三权分立”原则下的低效率、分裂性,有利于中国这样一个

① 胡锦涛:《坚定不移沿着中国特色社会主义道路前进,为全面建成小康社会而奋斗》《十八大以来重要文献选编(上)》,中央文献出版社,2014 年版。

大国的主权统一。基本政治制度中,多党合作和政治协商制度是具有中国特色的政党制度,既确立了用科学理论武装共产党牢固的领导地位,又促进了决策的民主化和科学化;民族区域自治制度充分考虑了中国多民族大杂居、小聚居的实际国情,国家的统一领导决定了国家主权的统一和稳定,少数民族聚居地区的自治又尊重了各民族按照自己的风俗管理本民族事务的权利,不失为一个伟大创举;基层群众自治制度扩大了基层民主,扩大民主范围。中国特色社会主义法律体系既体现了法律的道义,保证社会主义各项事业建设都有法可依,同时作为法律上层建筑又代表了最广大人民的阶级立场,是发展社会主义民主、加强社会主义法制的又一种形式的制度。基本经济制度中公有制的主体地位决定了社会主义与资本主义的本质区别,可以弥补市场经济的盲目性,而多种所有制共同发展又提升了经济的灵活性。作为体制的各项具体制度则在相对微观的层面上维护"五位一体"的建设布局有条不紊、有章可循。党的制度自信在于,中国特色社会主义制度保障中国取得了一系列成就,并且还将在实现"中国梦"的过程中不断臻于完善。

2. 中国特色社会主义制度与中国国情的合理结合决定了制度自信

中国特色社会主义制度同道路和理论一样都是建立在对近代以来中国国情准确把握的基础之上。随着改革的深入,一些诸如质疑社会主义市场经济性质、宣扬以宪政民主代替社会主义民主之类的思潮伴随着社会问题开始出现。依据马克思主义的观点,国家制度层面上的民主,既有人类的共同性,又有历史性和阶级性。西方的制度设计是以资产阶级私有制为基础的,但决不能当作医治中国社会问题的灵丹妙药。拿宪政来说,这样的制度安排有利于私有制下资产阶级的隐蔽剥削行为。所谓的对“社会主义宪政”的鼓吹,不过是“以非关键性的制度元素和理念掩盖了宪政的关键性制度元素和理念”。[①] 邓小平在谈政治体制改革问题时指出:“中国如果照搬你们的多党竞选、三权鼎立那一套,肯定是动乱局面。”[②]中国特色社会主义制度的阶级性与开放性决定它代表了人民共同富裕、社会公平正义的方向。

好的制度必须符合多数人的利益,这是古今中外政治上的共识。在解放全人类的道路上,在紧密结合具体实际的实践探索中,拥有制度自信是党和人民以包容、客观的态度实现“中国梦”的重要保障。实现“中国梦”的道路上布满了荆棘,在各种思潮的交织中、在各种意识形态的挑战下,党和人民将坚定不移地贯彻中国特色社会主义方针、政策,既不盲目效仿西方,又不以我为尊,向全世界输出中国的制度。制度自信将护航小康社会建设和现代化建设不走老路、不走歪路、不走邪路,释放社会主义中国集中力量办大

---

① 杨晓青:《宪政与人民民主制度之比较研究》,《红旗文稿》,2013(10),第7页。

② 邓小平:《邓小平文选》第3卷,北京:人民出版社1993年版,第244页。

事的能量。

（四）“中国梦”彰显了中国共产党的文化自信

文化自信，是继道路自信、制度自信、理论自信之后，习近平总书记提出的第四个自信。“文化自信”一词也在习近平总书记在十八大以来的公开讲话与文章中多次出现。关于“中国梦”和文化自信的内在关联，习近平总书记也不止一次进行过阐述。他指出：“实现‘中国梦’，是物质文明和精神文明均衡发展、相互促进的结果。没有文明的继承和发展，没有文化的弘扬和繁荣，就没有‘中国梦’的实现。”[①]在庆祝中国共产党成立95周年大会上的讲话中，习近平总书记又对二者的依存关系做了进一步阐释：“在5000多年文明发展中孕育的中华优秀传统文化，在党和人民伟大斗争中孕育的革命文化和社会主义先进文化，积淀着中华民族最深层的精神追求，代表着中华民族独特的精神标识。”

任何一个国家的文化，都有其既有的传统、固有的根本。抛弃自己的根本，就等于割断了自己的精神命脉，就会丧失自身的文化特质。中华民族的伟大复兴从本质上说就是中华文化的复兴，历史上每个国家的崛起也都是建立在对其自身文化有高度的自信和认同基础之上。“中国梦”的历史文化底蕴是滋养文化自信的重要养分。

---

① 习近平：《在联合国教科文组织总部的演讲》，2014年3月27日。

1. 中华民族优秀传统文化是滋养文化自信的根基

作为人类历史长河中唯一没有干涸、断流，绵延上下五千年的中华文明，孕育了中国悠远浩博、辉煌灿烂的优秀传统文化。这些传统文化积淀着最深沉的精神追求和民族特有的精神标志，渗透出深厚的文化底蕴和民族自信，成为中华民族发展壮大的丰厚滋养和民族复兴的历史文化基础。

2. 中国近代以来革命文化精神是巩固文化自信的重要构成

一个民族的文化自信，不仅来源于其古代的辉煌成就，更需要近代和现代的成就来巩固和加强。中国近现代以来的社会发展历程，是中华民族精神文化由自信到自卑、再浴火重生的过程。在这个过程中，伴随着鸦片战争，清末闭关锁国的状态被强行改变，西方列强的侵略、瓜分使得民族危亡迫在眉睫。中国无数仁人志士为了挽救中国的命运，进行着无数次的抗争，探索救国救民的道路。在这些仁人志士中，只有中国共产党人找到了适合中国国情发展的出路，他们领导中国人民不畏艰险、不怕牺牲、敢于斗争，最终领导中国人民取得了新民主主义革命和社会主义革命的胜利，开启了民族复兴的伟大征程。中国共产党在领导全国人民革命过程中形成的以井冈山精神、延安精神、西柏坡精神等为核心的精神链条，构成了中国近现代的革命文化精神，并以此推动着中国共产党不断成长进步，逐步成长为中华民族的脊梁和领导中国发展前途的中坚力量。

3. 以马克思主义为指导的先进文化是文化自信的核心要素

“一个没有精神力量的民族难以自立自强，一项没有文化支撑的事业难以持续长久。”[①]以马克思主义指导思想为核心的社会主义先进文化，是社会主义建设和改革事业推进的文化支撑，是对中华传统文化和中国革命文化的继承发展，它所体现的理想信念、价值观和方法论成为中华文化的内在构成，深深地嵌入中国人民的精神文化生活之中，社会主义先进文化以共同的思想基础构筑了共同的精神家园。它为坚持和发展中国特色社会主义提供了强大的精神力量，为社会主义文化的发展提供创新活力，对于“中国梦”的实现具有重要的指导意义。而一个国家、一个民族的强盛，也离不开文化兴盛的支撑。只有坚定文化自信，才能推动文化繁荣，才能为当代中国发展进步、为实现“两个一百年”奋斗目标和中华民族伟大复兴的“中国梦”提供不竭精神动力和强大文化保障。[②]

“中国梦”的实现不可能一蹴而就，民族复兴的宏伟目标一定需要扎实的道路奠基、科学的理论指导、完善的制度保障。如果在中国特色社会主义的问题上举棋不定、左右摇摆，就会贻误发展的良机，从而影响实现“中国梦”的战略大局。正如邓小平在推动改革开放时所说的：“不争论，是为了争取时间

① 习近平：《在同各界优秀青年代表座谈时的讲话》，《人民日报》，2013 年 5 月 5 日。

② 参见刘先春，张思源：《文化自信与“中国梦”的内在关系探析》，《中共云南省委党校学报》，2014(6)：37-40。

干。一争论就复杂了,把时间都争掉了,什么也干不成。”[①]“四个自信”恰恰是全党和全国各族人民搁置争议、同心同德的精神纽带和思想支撑,“四个自信”赋予了党和人民“胸怀理想、坚定信念,不动摇、不懈怠、不折腾,顽强奋斗、艰苦奋斗、不懈奋斗”[②],最终实现“中国梦”的强大力量。

---

① 邓小平:《在武昌、深圳、珠海、上海等地的谈话要点》(一九九二年一月十八日—二月二十一日),《邓小平文选》,第3卷,北京:人民出版社,1994。

② 王明哲:《“三个自信”铸就中国梦》,《天津市社会主义学院学报》,2013(4)。

第二节　“蒙古马精神”是内蒙古人民实现“中国梦”的具体内在动力

习近平总书记指出：“实现中国梦，必须走中国道路、弘扬中国精神、凝聚中国力量。”①党的十九大报告中，习近平总书记号召全党全国各族人民，一定要保持艰苦奋斗，戒骄戒躁的作风，以时不我待、只争朝夕的精神，奋力走好新时代的长征路。如果把中华民族的复兴梦比作一轮喷薄欲出的朝日，那么每一个中华儿女都像历经黑暗与饥寒磨难的战士再次感受太阳的光芒与温热，每一座城市都像饱受岁月与风雨侵蚀的航船再次聆听时代的号角与召唤，每个城市都在精心绘制富强文明的蓝图。每个人都在安心编织幸福和谐的梦想，那么作为占全国国土面积12.3%的内蒙古，也在积极地实现着富强文明的梦，支持这个梦实现的就是扎根于每一个内蒙古人民心中的

① 《习近平总书记系列重要讲话读本》，学习出版社、人民出版社，2016年版，第10页。

“蒙古马精神”。

一、“蒙古马精神”是支撑内蒙古人民奋进的理想信念

理想信念是一个国家、民族和政党团结奋斗的精神旗帜，理想信念动摇是最危险的动摇。习近平总书记反复强调：“理想信念是共产党人精神上的‘钙’。理想信念坚定，骨头就硬，没有理想信念，或理想信念不坚定，精神上就会‘缺钙’，就会得‘软骨病’”。[①] “蒙古马精神”作为支撑内蒙古人民奋进的理想信念，同样是内蒙古人民的精神食粮。一个没有精神力量的民族难以自立自强，如果放弃了对崇高理想信念的追求，无论社会怎么发展，无论经济怎么繁荣，都不可能巍然屹立于世界。正是坚定的理想信念，编织了内蒙古事业成功的红色基因，培育了内蒙古人民百折不挠的革命意志，孕育了内蒙古人民无所畏惧的牺牲精神，构筑了内蒙古人民纯洁神圣的精神家园，奠定了内蒙古人民立世兴邦的文化自信，实现了内蒙古人民与时俱进的自我净化。

坚定的理想信念是“蒙古马精神”的灵魂，也是实现“中国梦”的动力源泉。

---

① 《习近平总书记系列重要讲话读本》，学习出版社、人民出版社，2016年版，第106页.

对于内蒙古而言,实现属于2500多万同胞的“中国梦”,就是要把“中国梦”的实质贯穿到内蒙古自治区的经济社会发展中来,全力打造祖国北部边疆更加亮丽的风景线。

二、“蒙古马精神”是内蒙古人民实现“中国梦”的内在精神动力

近代以来,中华民族曾经饱受欺凌,山河破碎,民生凋敝。内蒙古自治区也不例外,近百年的屈辱抗争史,也成为“蒙古马精神”的积淀史。而在今天,“蒙古马精神”依然是内蒙古人民实现“中国梦”的强大动力。

(一)崇高理想铸就坚定信念

内蒙古人民能够在敌人的铁蹄下、在飞机大炮的狂轰滥炸下取得抗日战争的胜利,靠的是什么?一个至关重要的因素就在于内蒙古军民拥有崇高的理想、坚定的信念。内蒙古是全国重要的战区,这里的军民和全国的军民一样,他们的理想和目标是战胜内外敌人,解放中国人民,为实现共产主义而奋斗。这种崇高的理想铸就了坚定的救国救民的爱国主义信念,这种坚定的信念以“蒙古马精神”作为支撑,也铸就了为革命无所畏惧和一往无前的必胜信念。崇高理想铸就的坚定信念,是内

蒙古人民实现民族独立、人民解放的力量源泉，也是“蒙古马精神”的真实写照。在抗日战争中，内蒙古军民面对戈壁荒漠、雪山草地，缺衣少食，枪弹匮乏，吃的是草根树皮，穿的是破衣烂裤，四周敌军围追堵截，头上敌机狂轰滥炸。在如此艰难困苦的条件下，他们能够赢得抗日战争的胜利，根据大青山地区的地理环境和对敌斗争的需要而建立的大青山骑兵队伍对内蒙古取得战争的胜利起到了关键性的作用。在血与火、生与死的考验中，他们创造出惊天动地的英雄业绩。没有崇高理想铸就的坚定信念，没有对革命事业的无限忠诚，没有钢铁般的革命意志，这显然是不可能的。回首过去的抗战史，我们应该向前人学习他们的顽强拼搏；展望未来，我们还有更长更远的路要走。今天，我们进行改革开放和社会主义现代化建设，为全面建成小康社会，为把我国建设成为富强民主文明和谐的社会主义现代化国家，为实现中华民族伟大复兴的“中国梦”而努力奋斗。这是中国共产党团结带领全国各族人民进行的吃苦耐劳、一往无前的新征程。在新征途上，“蒙古马精神”仍然是中国人民攻坚克难的强大动力。

（二）血脉永续实现复兴梦想

实现“中国梦”必须凝聚中国力量，依靠全国人民团结奋斗、攻坚克难。长征的胜利，一个极其重要的原因是各路红军信念坚定、不怕困难、不怕牺牲、顾全大局、团结协作。正是这种高度的全局观念和团结协作的精神，正是这种艰苦奋斗和不怕牺牲的革命精神，才使得红军一次次完成不可能完成的任务。在实现“中国梦”的征途上，仍然需要这种精神。当今时代，与战火纷飞的年代相比所面临的环境与条件有了翻天覆地的变化，但是我们实现社会主义现代化，实现民族伟大复兴和“中国梦”的目标仍然面临千难万险。克服这些困难和问题就是需要大力弘扬和切实践行“蒙古马精神”，具有崇高理想、坚定信念，不怕困难、不怕牺牲，顾全大局、团结协作的精神。

三、“中国梦”的实现需要“蒙古马精神”

党的十八大明确提出了全面建成小康社会、实现“两个一百年”的奋斗目标，党的十九大更是明确说明：“中国特色社会主义进入新时代，意味着近代以来久经磨难的中华民族迎来了从站起来、富起来到强起来的伟大飞跃，迎来了实现中华民族伟大复兴的光明前景。”①这个新时代是决胜全面建成小康社会，进而全面建设社会主义现代化强国的时代。开启了实现中华民族伟大复兴“中国梦”的新征程。长期以来，内蒙古人民

① 习近平：《决胜全面建成小康社会　夺取新时代中国特色社会主义伟大胜利——在中国共产党第十九次全国代表大会上的报告》，人民出版社，2017 年版，第 10 页。

以吃苦耐劳、一往无前的精神共同创造了今天内蒙古处处团结祥和进步繁荣的景象，现在更向着习近平总书记希冀“守望相助，团结奋斗，把祖国北部边疆这道风景线打造得更加亮丽”的目标迈进 。从“中国梦”的实现来说，中国想要走向世界，为人类的文明进步做出自己的贡献，当然离不开对传统文化优势的利用与开发，离不开“蒙古马精神”。

习近平总书记指出，实现“中国梦”，是物质文明和精神文明均衡发展、相互促进的结果。中华民族的先人们早就向往人们的物质生活充实无忧、道德境界充分提升的大同世界。中华文明历来把人的精神生活纳入人生和社会理想之中。所以，实现“中国梦”，是物质文明和精神文明比翼双飞的发展过程。物质文明、精神文明都搞好，才符合实现中华民族伟大复兴的本质要求。[①] “蒙古马精神”作为精神文明的重要组成部分，当然也是实现“中国梦”不可或缺的一部分。

经济的快速发展，带来的是物质产品的极大丰富，随之而来的就是生活水平的提高，长时间的生活安逸，会让我们丧失拼搏的精神，就像是“温水里的青蛙”，渐渐磨掉我们的意志。民族复兴伟大梦想的实现，离不开精神文明建设的加强。“中国梦”的实现绝不仅仅局限于物质产品极大地丰富和人民生活水平极大地提高，更在于我们要有强大的精神立足点。

---

① 参见洪向华，肖纯柏：《没有文化的弘扬和繁荣就没有“中国梦”的实现》，《光明日报》，2014 年 6 月 6 日，第 7 版。

习近平总书记曾指出："没有文明的继承和发展，没有文化的弘扬和繁荣，就没有'中国梦'的实现。""中国梦"的基本内涵是实现国家富强、民族振兴、人民幸福，而这是一条任重道远的路程，需要我们坚定信心，用吃苦耐劳、一往无前的"蒙古马精神"武装自己，激励自己，为实现"中国梦"提供强大的精神动力。愚公移山虽然长路漫漫，但终将有实现的那一天，只要我们下定决心，团结奋斗，又有什么困难可以难倒我们，我们又有什么梦想不可以实现呢？

第四章

寻找“蒙古马精神”的真实践行者

“蒙古马精神”作为内蒙古自治区各族人民践行“中国梦·尽责圆梦”的真实写照，它体现在内蒙古自治区各族各界人民群众日常工作生活的一点一滴中，体现在从革命战争年代到和平时期的漫长历史长河中。多年来，内蒙古各族人民扎根于这片土地，在各行各业用自己的行动践行着吃苦耐劳、一往无前的“蒙古马精神”。

第一节 “蒙古马精神”在全区各级党政机关人员中的表现

在全区党政机关干部中开展的“责任担当·服务圆梦”主题实践活动，主要体现为对全区各级党员干部发挥党员的模范带头作用以及责任和担当意识的要求上。具体体现为广大党员干部在工作中“主动作为、尽职尽责，大力宣传普及‘尽责圆梦’理念，担负起组织领导的责任，建立健全定责、践责、问责、考责的责任链条，大兴学习之风、调查研究之风、联系群众之风、艰苦奋斗之风、求真务实之风，提升履职尽责、开拓创新能力”。[①] 党员干部的主动作为、勇于担当和模范表率作用以及党政机关的主导性活动，使得这一主题实践活动得以顺利展开。

在包头市土右旗，旗交通局党总支书记、局长王高乐，看到

① 乌兰：《开展“尽责圆梦”主题实践活动 展现“中国梦”在内蒙古的责任与担当》，《内蒙古日报》，2013 年 6 月 12 日（003）。

家乡公路建设严重滞后，影响了经济的发展，于是他带领人们重点抓当地的公路交通网的建设。经过几年的努力，土右旗公路交通发生了巨变：基本形成了“两环三纵四横六出口八连接”的公路网络，公路总建筑里程达到了2112千米，使土右旗一跃成为名列自治区前列的旗县。其中，乡村公路建设里程占到包头市公路建设总里程的40%。乡村公路网的建立，为农作物的销售节省了成本，为全旗百姓节省了农业资金。在全县农村修通水泥路后，玉米每斤售价比原来可多卖2分钱，甜菜每吨运费比原来可降低20元，农运车辆的耗油量和维修费也明显下降，仅仅修路一项就为全旗农民年人均收入增加在千元以上，因此，王高乐也被人们称为土右旗公路建设的开拓者和功臣。

作为总理关注、自治区党委政府关注的工程，包头市北梁棚户区改造搬迁工作也是包头市2013年重点推进的工作。为顺利完成这一工作，包头市把打好北梁棚户区改造攻坚战与开展“尽责圆梦”主题实践活动结合起来，经过全市总动员，从各单位组织抽调派遣576名干部和包头市东河区1500名党员干部到棚改一线全力推进落实。为尽快实现北梁居民的“宜居梦”，参加棚改工作的党员干部勇于担当、尽心尽责、任劳任怨，推动了棚改工作的顺利进行。

在满洲里市，通过把国家重点开发开放试验区建设与开展“尽责圆梦”主题实践活动相结合，使全体党员干部群众深刻认识到国家重点开发开放试验区建设对于满洲里建设的重大意义，增强了把满洲里建设成为沿边开发开放排头兵、欧亚陆路大通道重要枢纽、沿边重要经济增长极、边疆民族地区和谐进步示范区的自觉性和责任感。[①]

一、用博爱感动一个民族——云曙碧

她是灯火，用爱心牵引着人们前行的方向。她用博爱感动了一个民族、一个时代。——故事片《云曙碧》宣传画上用这简练的两句话诠释了这个不平凡的人伟大的一生。

（一）心怀大爱、勇于担当，急群众之所急

云曙碧始终心里装着群众，时刻把群众的事放在心上，想群众之所想、急群众之所急，无论是茫茫大草原，还是巍巍大青山，哪里有困难、哪里有灾情、哪里急需帮助，她的身影就会出现在哪里。

危难之处显身手，关键时刻看担当。在内蒙古自治区红十字会工作期间，云曙碧不顾自己年龄大、身体弱，经常冲锋在救灾一线，查看灾情，慰问受灾群众，参与抗灾救灾，并积极向国

① 参见丁燕：《“尽责圆梦”共筑“中国梦”》，《内蒙古日报》，2014 年 1 月 3 日(005)。

内外红十字组织为灾区群众争取救灾款物。时至今日,曾经跟云曙碧一起在红十字会工作过的同志,对她积极投身救灾工作的情景仍然记忆犹新:“恢复组建内蒙古红十字会以来,云老跑遍了内蒙古的所有灾区。1996年包头地震、1998年洪灾、2001年雪灾……每一次灾害来临,云老总是身先士卒,深入灾区了解灾情,积极筹措救灾款物。可以说,云老的足迹踏遍了内蒙古的每一个灾区。”

1992年冬,鄂尔多斯市达拉特旗境内黄河冰凌决坝,沿岸树林召乡的大部分村庄被冲毁。接到报告的第二天,云曙碧就带着一车面粉和棉衣棉被驱车8个多小时赶到灾区,踏着冰水了解灾情,慰问群众,并反复嘱咐随行的乡干部一定要设法解决好老人的过冬问题和病号的治病问题。

1993年,呼和浩特市托克托县伍什家乡的一个村子遭遇水灾,云曙碧带领红十字会人员乘船去村子里查看灾情,给全村26户人家送去了急需的面粉、棉衣、生活用品。她还将身上仅有的200元钱送给了两位生活困难的孤寡老人。

1998年1月,正逢隆冬季节,河北省张北地区发生了地震,内蒙古自治区的太仆寺旗和兴和县的农村牧区受到波及,房倒屋塌,灾民无避灾取暖之所。云曙碧带领红十字会的同志奔赴灾区调查了解了受灾情况后,向自治区政府和锡林郭勒盟、乌兰察布盟(现乌兰察布市)通报灾情的同时,组织运送帐篷,募捐棉衣棉被到灾区,并向中国红十字会总会、北京市红十字会、香港红十字会求援，相继为两地灾民建起 400 多户的“红十字村”。

1998 年，一场百年不遇的洪灾突袭内蒙古东部地区，当时已经 75 岁的云曙碧带着中国红十字会总会的同志去通辽市扎鲁特旗查看灾情。她不顾大家的劝阻，每天起早贪黑、早出晚归，整整跑了 3 天。她不顾年老体弱，顶雨步行二三里路来到灾民安置点，挨个帐篷了解灾情。在一户牧民倒塌的旧房前，女主人正在从泥里往外扒土坯，她用手捏了几块松软的土坯，心情沉重地说：“这怎能再用呢，冬天马上要到了，住在塑料棚里要冻坏的，红十字会一定会帮助你们想办法的。”女主人感动得硬要请她到棚里喝碗奶茶暖暖身子。为了帮助群众建房过冬，她一路上同红十字会与红新月会国际联合会代表反复协商，坚持把建房列为首选救助项目，很快 800 多万元建房款到位了，为灾区群众解了燃眉之急。

在兴安盟扎赉特旗都尔本新苏木查看灾情时，气温骤降，还下起了雨。由于周围的洪水未退，只能乘快艇逆水而行才能到达受灾点。云曙碧不顾大家的劝阻，迅速穿好救生衣，第一个跳上了快艇。到达对岸后，尽管她冻得脸色发紫，但仍然踏着泥泞的道路冒雨来到灾民点。看到灾民们住在单薄的帐篷里，她反复地与同行的红十字会与红新月会国际联合会代表协商，提出了为灾民建房帮助他们温暖过冬的建议，最后为 280 多户受灾群众争取到建房资金 980 万元。她还组织医务界老专家组成救灾医疗队,亲自率队奔赴灾区开展救灾扶贫医疗,先后221次深入到20个旗县、31个乡镇为群众送医送药,抢救、诊治灾民28000多人次。

2000年12月,内蒙古遭受了罕见的特大暴风雪袭击,全区6个盟市,35个旗县,415个苏木(乡)受灾,受灾人口达258.9万人,直接经济损失12亿元。灾情就是命令。自治区红十字会紧急向中国红十字会总会通报灾情,云曙碧立即乘坐火车赶赴北京请求救助。在她的积极努力下,全国各地红十字会迅速掀起了为内蒙古灾区捐款的高潮,截至2001年5月20日,自治区红十字会共收到各类物资和捐款总计2580多万元,使灾区776300余人得到了及时救助,有力地支援了自治区的抗灾工作。类似的例子不胜枚举。①

(二)关心残弱、奉献爱心,捐助各类基金

云曙碧还长期担任内蒙古自治区妇女儿童基金会、内蒙古自治区残疾人福利基金会的领导,为促进妇女儿童和残疾人事业的发展付出了大量心血和汗水。2002年,在得知妇女儿童基金会想筹资资助农牧区贫困中小学生后,她慷慨解囊,将自己多年省吃俭用积攒下来的15万元积蓄交给了基金会。基金

① 参见马晓刚:《以行动诠释担当 用责任书写忠诚》,内蒙古新闻网,[EB/OL],(2017-02-13)[2017-06-16],http://nmg.wenming.cn/ft/201702/t20170213_4053599_1.shtml。

会利用这笔钱，资助了 275 名贫困学生，为此她获得了全国“育童奖”。云曙碧非常关心残疾人保障事业，看到乌兰察布市贫困地区白内障患者多，许多患者双目失明，她就与中国红十字会总会积极联系，请来美国的一位专家为患者诊治，自治区红十字会资助了手术费用。她亲自为患者联系医院，解决患者的住宿问题。她倡导发起的“复明扶贫行动”，使全区 600 多名贫困白内障患者重见光明。云曙碧还组织专家深入居民办事处普查，调查了 14963 户，共 44899 人，撰写了对比分析报告，推动了残疾人的康复工作。为了不让艾滋病进入草原，云曙碧将子女孝敬她的钱也拿出来用于编发防治艾滋病宣传材料。她带领“防艾”宣传教育组行程 5200 多公里，深入 7 个盟市、4 个旗县、4 个大型企业和乡镇、2 所高等院校和内蒙古党校，举办讲座 18 场次，为防治艾滋病做出了重要贡献。2008 年 3 月，她被中国红十字会总会评为“全国预防艾滋病工作先进个人”。云曙碧的典型事迹最早发端于她对内蒙古自治区红十字会的关心和热爱。自 1987 年 5 月开始，云曙碧着手内蒙古自治区红十字会的恢复筹备工作，在她的努力推动下，内蒙古自治区红十字会白手起家，从全国各省市区开展最晚的一个一跃跨入全国先进省市红十字会行列。鉴于云曙碧的突出业绩，1996 年，中国红十字会号召全国红十字工作者学习“云曙碧精神”。

云曙碧的先进事迹集中体现于内蒙古云曙碧公益事业基

金会的成立。该基金会注册资金1000万,资金全部源自个人捐助,该基金会注册资金由云曙碧个人筹措,是内蒙古自治区唯一以个人名字命名的公益事业基金会。基金会属于非公募捐慈善机构,它的宗旨是“发扬人道、博爱、奉献精神,救助弱势群体,促进社会和谐有序发展”。[①]

基金会成立以来,筹集资金近5000万元,同时吸引地方配套资金2000万元,共投入7000多万元用于助教助困助学等公益事业,仅助学就达12000多人次,助学范围依次涵盖阿拉善盟、乌海市、巴彦淖尔市、呼和浩特市、乌兰察布市、通辽市、兴安盟和包头市等地,救助的贫困大学生遍布内蒙古大地。基金会还分别捐赠乌兰察布市卓资山职业中学基建费500万元、土左旗大旗村助困改水经费50万元;先后慰问全区离休干部、抗战老干部以及抗战老军人3000多人次,发放慰问金230多万元;捐赠革命先辈先烈书籍折价60万元。基金会还在革命老区、贫困地区打机井67眼、民用饮水井79眼,投入经费近千万元,受益群众达1.5万余人,每年还解决2.5万头只牛羊的饮水问题。[②] 云曙碧的突出事迹,受到了社会的广泛关注。在第九届爱心中国年度人物的评选中,作为内蒙古云曙碧公益事业

① 参见马晓刚:《以行动诠释担当　用责任书写忠诚》,内蒙古新闻网,[EB/OL],(2017-02-13)[2017-06-16],http://nmg.wenming.cn/ft/201702/t20170213_4053599_1.shtml。

② 参见刘春:《云曙碧荣获“时代楷模第九届爱心中国十大道德模范”称号》,《内蒙古日报》,2013年7月29日。

基金会名誉理事长的云曙碧荣获“时代楷模第九届爱心中国十大道德模范”称号。2013 年 7 月 28 日，云曙碧参加了在北京举行的庆祝中国共产党成立 92 周年——时代楷模第九届爱心中国年度人物表彰大会。

云曙碧心中充满了对自治区贫困者、孱弱者和落后地区的无比关爱，又用她个人的影响力和有限资源展现着自己对家乡人民的无限热爱。云曙碧的事迹在专题电影《云曙碧》中已经为大家所熟知，但她对普通贫弱百姓的爱却通过以她的名字命名的基金会的形式得以继承和传扬。

二、勤政为民、鞠躬尽瘁——牛玉儒

牛玉儒是一位土生土长、来自基层、踏踏实实、勤政为民、甘于奉献、鞠躬尽瘁的蒙古族高级干部，一个英年早逝却又为广大人民群众怀念和爱戴的好干部。在从政的 33 年时间内，他始终保持着坚定的共产主义信念，并自觉坚持全心全意为人民服务的宗旨，作风扎实，注重实效，竭尽全力为群众多办事、办实事、办好事。他经常深入到企业、街道、社区、农村牧区等基层一线，深入到下岗职工、困难居民、贫困农牧民之中，体察民情，了解民意，直接解决涉及老百姓利益的实际问题，深受广大干部群众的信任和爱戴。他廉洁奉公，严于律己，对家属子女从严要求,为各族干部树立了良好的公仆形象。

在呼和浩特市工作的最后500天,是牛玉儒人生浓墨重彩的500天。他团结带领市委"一班人",充分调动人大、政府、政协领导班子和广大干部群众的积极性、创造性,在过去工作的基础上,解放思想,抓住机遇,自我加压,奋力赶超,再创发展新优势,实现发展新跨越,取得显著成效。2003年,夺取了抗击"非典"和经济建设的双胜利,生产总值增速跃居全区和全国27个省会前列,提前实现了"十五"规划奋斗目标。城市建设力度进一步加大,市容市貌明显改观。成功承办两个文明建设经验交流会,推动了经济社会的协调发展。全市经济社会继续快速协调发展,优势产业集群进一步做大,城市建设步伐进一步加快,人民生活水平进一步提高。2007年,全市经济总量、财政收入和城乡居民收入在2003年的基础上翻一番,综合经济实力和人均收入水平位居全国5个少数民族自治区首府城市第一。呼和浩特市经济的快速发展,城乡面貌的明显变化,人民生活水平的不断提高,无不凝聚着牛玉儒同志的心血和汗水。特别是在住院治疗期间,牛玉儒同志仍心系事业,忘我工作,忍受着病痛的折磨,全身心地关注和牵挂着呼和浩特市的经济社会发展。住院治疗期间,他几乎每天都通过电话询问、指导和督促重点工程的进展情况,还带病两次考察城市建设和开发区的工作。去世前不到一个月,牛玉儒仍以顽强的毅力,主持召开市委九届六次全委会议,作了激情澎湃、鼓舞人心、催人奋进的工作报告，进一步描绘了呼和浩特市经济社会发展的宏伟蓝图。他把毕生精力奉献给了他所热爱的事业，奉献给了他所热爱的人民，奉献给了他深深眷恋的草原，直到生命的最后一息。

牛玉儒在30多年的从政生涯中，始终牢记全心全意为人民服务的宗旨，以强烈的事业心和责任感，呕心沥血、忘我工作，一直奋斗到生命的最后一刻，赢得了各族干部群众的尊敬和爱戴。[①] 牛玉儒同志的一生是奋斗的一生，光辉的一生。他的英年早逝，使内蒙古失去了一位优秀的民族干部，使全区各族人民失去了一个好儿子。

牛玉儒同志的先进事迹在他的家乡辽沈大地引起强烈反响。“你是孺子牛，风里来雨里走。默默耕耘在草原，足迹化绿洲。躬身千家事，真情付老幼。知冷知热知人心，事事暖心口。啊，牛玉儒，孺子牛，一心只为百姓好，不图芳名千古流……”随着牛玉儒同志先进事迹报告开场曲的深情飘荡，牛玉儒的名字，从辽宁人民会堂走进沈阳城区，传遍辽宁大地……2004年11月30日，中共中央总书记、国家主席、中央军委主席胡锦涛就学习牛玉儒同志做出重要指示。胡锦涛向勤政为民、鞠躬尽瘁的牛玉儒同志表示崇高敬意和深切怀念。

---

① 参见刘振宇：《胡锦涛号召学习牛玉儒：人民需要这样的贴心人》，央广网，[EB/OL]，(2004-11-30)[2017-06-16]，http://www.cnr.cn/news/200411/t20041130_293248.shtml。

他强调,党需要这样的好干部,人民需要这样的贴心人。我们应该学习他、宣传他,让千千万万个牛玉儒式的好干部涌现出来。

2014年1月27日晚,在牛玉儒同志病逝10年后,在呼和浩特市考察工作的习近平总书记看望了牛玉儒同志家属。他表示,先进模范不能忘记,牛玉儒同志是新时期广大党员干部的楷模。我们党之所以赢得人民拥护,正是因为有千千万万个牛玉儒这样的同志。在党的群众路线教育实践活动中,要学习先进典型,学习身边榜样。

三、情系老区、科技扶贫——武汉鼎

在呼和浩特市清水河县,有这样一位退休干部,他无论是在工作岗位还是退了休,50多年如一日,情系老区人民,把毕生的心血都倾注于服务“三农”。尤其是在退休后的16年中,他更是一心扑在老区的科技扶贫、救助老弱病残、帮助农民寻找致富门路上。在他的辛勤努力下,清水河县很多贫困村庄走上了致富路。他用自己的光和热照亮了老区人民的心,他也在古稀之年品尝着助人为乐的快乐。他,就是76岁的呼和浩特市清水河县畜牧局退休干部、共产党员、高级兽医师武汉鼎。

武汉鼎在清水河县北堡乡大阳坪村给饲养獭兔农民做技

术指导时,遇到了34岁的农民蒙满达。蒙满达几年前一直在城里打工,年收入1万多元,妻子带着两个小孩在村里务农。后来他看到政府支持农村经济发展,制定了很多优惠政策,也回乡琢磨干点什么。武汉鼎知道情况后鼓励并扶持蒙满达饲养獭兔。他通过协调为蒙满达贷回了5万元钱,再加上蒙满达几年的积蓄,共投资12万元建起了3间兔舍,买回了100多只獭兔。武汉鼎把獭兔的防疫、饲料配方、养兔的技术等事情都包揽下来。武汉鼎说:"年轻人回乡创业不容易,我一定要把他扶持起来,我也希望在有条件的村庄推广獭兔养殖,提高农民收入。"

提起武汉鼎,大阳坪村每个农民都感激不尽。早在20世纪90年代中期,武汉鼎就联系相关部门给村里通了电,上了自来水,结束了村民们吃水靠人背驴驮、采光靠点煤油灯的历史。当他知道农民陈在家庭贫困,准备把家里仅有的4只羊卖掉筹钱去交200元钱的户均通电费时,他不仅没让陈在卖羊,还替他交了200元通电费,又买来饲料送给他,鼓励他好好养羊。

十几年来武汉鼎的足迹不仅留在了大阳坪村,他还先后在杨家夭乡暖水湾村搞旱作有机生态农业和科技扶贫示范工作,在北堡乡的老牛坡行政村和暖泉乡的四道坪行政村搞科技开发式综合扶贫,救助老弱病残户,帮助失学儿童重返校园,帮助加强村级基层党支部建设。他指导杨家夭乡暖水湾村改变"开荒剥皮"、广种薄收的耕作习惯,退耕还草300亩,推广优良牧草品种，累计种草上千亩，使全村走上了“农牧结合”之路；他引导农民推广“深耕蓄水耕作法”，帮助他们引进适宜于干旱地区播种的抗旱性强的品种，使良种面积达到95%以上。目前，暖水湾村的农民人均纯收入近4000元。武汉鼎的农牧结合、依靠科技脱贫致富的好经验也被清水河县广泛推广。

针对农民思想观念落后，信息闭塞的状况，武汉鼎在带领农民致富的同时，始终把提高农民的科学文化素质和转变农民的思想观念摆在重要位置。他多次邀请自治区科研院所、大专院校和农牧业专家学者以及县里的科技人员给农民讲课，累计培训农民5000多人次。他自费为农民订阅各种报刊，帮助暖水湾、大阳坪、老牛坡等自然村成立起读报室、农民科技文化夜校。他主持开展的科学普及与党的方针政策宣传教育活动，涉及5个乡，10个行政村，30个自然村，参加的农民达上万人次，发送宣传材料上万份。在老牛坡村，武汉鼎组织村民成立了农牧业科学实用技术研究会，办起了图书室和文化活动室。他发挥专长，在大阳坪、老牛坡等自然村建起了兽医室，并把自己几十年积累起来的丰富经验，毫不保留地传授给农家子弟。前后培养中兽医学徒20多人，目前他们已成为当地防治畜禽疫病的主力军。

2008年10月12日，党的十七届三中全会审议通过《中共中央关于推进农村改革发展若干重大问题的决定》后，武汉鼎马上来到大阳坪村组织党员和村民学习《决定》，给农民详细讲解《决定》内容，给农民吃定心丸。当武汉鼎得知，有一种杂交谷子品种产量高后，他就和村民们商量并及时引进新品种种植。

十多年来，武汉鼎每年三分之一的时间都在乡下，每年拿出六七千元帮助那些有困难的老区农民。他下乡宁愿坐长途客车，也不愿意搭顺车。他说在长途客车上，和农民们说说话，就可以知道老百姓在想啥，需要啥。他几十年如一日走村串户，哪家老人需要看病，哪家孩子上学有困难，哪些新的优良品种适合山老区种养殖……他都一一记在心里，落实在行动上。他每月的退休金 2500 元，至少拿出三分之一用于各种扶贫，从退休至今给百姓的捐助就达 10 万多元，帮扶学生及孤老病残 100 多人。

如今，在武汉鼎的扶贫下，过去清水河农民靠天养畜、“春耕没有牛，秋收靠人背”、一亩地产量不到 100 斤的历史已经一去不复返了。通过发展水、肥和良种发展旱作有机生态农业，十年九旱的清水河县农民年平均收入达 5000 余元。

对武汉鼎长期扎根贫困山村，为山区农民脱贫致富做出的突出贡献，党和人民给予了他崇高的荣誉。他先后受到国家部委、自治区党委、自治区政府、盟市旗县表彰和奖励 65 次。更让他欣慰的是，他的辛勤劳动和无私奉献让贫穷的老区慢慢走上富裕之路。他说："看到老百姓过上好生活是我最大的快乐。"①

① 内蒙古新闻网:《情系百姓　服务"三农"——记清水河县畜牧局退休干部武汉鼎》[EB/OL],(2009-03-19)[2017-06-16],http://ztpd.nmgnews.com.cn/system/2009/03/19/010194754.shtml。

第二节 “蒙古马精神”在教学科研单位中的表现

教学和科研是一个国家和地区经济和社会发展的基础，是社会生产力诞生的源泉。长期以来，战斗在教学和科研单位的广大教师和研究人员，甘于寂寞、乐于奉献，不畏艰辛、勇攀高峰，精心钻研、硕果累累，他们用自己特有的“蒙古马精神”向世人展示着内蒙古教学和科研工作者的风采。

一、试管山羊之父——旭日干

说起旭日干，人民会不由自主想起他的另外一个称谓“试管山羊之父”。作为成吉思汗的后裔，旭日干生在草原，长在草原，也立志扎根草原。旭日干在日本留学读博士期间就迅速认识到自己国家与国外的差距，强烈的忧国忧民意识和爱国情怀促使他两年就完成了博士学业，并在学成后马上回国，报效祖国。

旭日干是唯一一位在内蒙古自治区工作的蒙古族两院院士。他1965年毕业于内蒙古大学生物系，1980年5月加入中国共产党，1984年获得日本兽医畜产大学兽医学博士学位，1993—2006年任内蒙古大学校长，1995年当选为中国工程院院士。2006年任中国工程院副院长、中国科协副主席、中国畜牧兽医学会副理事长。先后当选中国共产党第十五次、十六次全国代表大会代表，第十、十一届全国政协委员。作为中国家畜繁殖生物学与生物技术专家，他首次探索出山羊、绵羊和牛精子体外诱导获能的途径，在国际上首次提出了试管内杂交育种技术。

（一）在科研领域不畏艰辛、精心钻研，勇攀科技高峰

旭日干从20世纪70年代开始就致力于农业生物工程及生物高技术的研究，并做出了突出的贡献。1982年4月，他东渡日本，开始留学生涯，专攻家畜繁殖生物学。他留学深造的地点是日本著名的科学城筑波，师从日本知名科学家山内亮教授，还在著名生物体外受精技术专家花田章教授的实验室从事“试管羊技术”的研究。

之所以这项研究备受关注，是因为20世纪80年代，在畜牧业中占有重要地位的家畜绵羊、山羊的体外受精试验在学界

已经开展了十多年,却一直未获成功。为了解决这一学界科学难题,旭日干珍惜每一分每一秒的时间,别人用半小时吃完饭,他却仅用5分钟;别人周六日休息,他却占用每个节假日休息时间工作。对于一个喜欢与时间赛跑的人,把握成功的机会也会更多。经过数百次实验,旭日干找到并提出山羊、绵羊精子药物诱导获能新方法,成功用于山羊体外受精实验。1984年3月9日18时10分,世界首例试管山羊在他手中诞生,旭日干一举成名,因而被誉为“试管山羊之父”。

回国后他创建了具有国内外先进水平的内蒙古大学实验动物研究中心,在国内率先开展了以牛、羊体外受精技术为中心的家畜生殖生物学及生物技术的研究,于1989年培育出我国首胎首批“试管绵羊”与“试管牛”。他曾先后主持承担了国家“863”计划、“七五”、“八五”和“九五”项目、自治区攻关项目及国家自然科学基金的资助项目,取得了多项研究成果。深入系统地观察和记录了牛、羊卵母细胞的体外成熟、体外受精和发育的全过程,为揭开哺乳动物类受精与发育的奥秘提供了大量科学依据。他创造性地提出了利用IVF技术工厂化生产试管牛、羊胚胎的一整套技术,建立了相应的中试开发基地,为“试管家畜”这一生物技术的开发应用和产业化做出了突出贡献。近年来他共发表学术论文130多篇,出版专著、译著9部,其论文被国内外学者多次引用。他的科研成果曾获内蒙古自治区科技进步三等奖、一等奖、特等奖以及国家科技进步二等奖和乌兰夫奖金奖等20余项省部级以上科研奖。

（二）行政管理上崇尚真知、追求卓越，铸就“内大精神”

旭日干教授自1993年担任内蒙古大学校长以来，在继续坚持教学、科研第一线工作的同时，以超人的工作精力，全面主持学校行政工作，做了大量的开创性工作。他以敏锐的思想，提出了明确的办学目标，主持实施了国家“211工程”重点建设计划，不断深化教育教学改革和管理体制改革，努力提高教育质量和办学效益。建立了内蒙古大学董事会和校友会，多方筹资，积极改善学校办学条件和教职工生活条件。在短短几年的时间里，使内蒙古大学的整体面貌发生了明显的改观。学校办学规模成倍扩大，办学实力明显增强。

旭日干担任内蒙古大学校长，一当就是14个年头。他白天当校长，夜里和周末做实验、搞科研，成为迄今为止内蒙古大学历史上任职时间最长的校长。他最爱讲的话被凝练为内蒙古大学的校训——“求真务实”。他主持确定了“崇尚真知、追求卓越”的“内大精神”；他亲自请教著名作曲家阿拉腾奥勒先生和著名词作家印洗尘先生，促成了内蒙古大学校歌《内大——文明的摇篮》；他亲自请雕塑艺术家宝音，为内蒙古大学校园创作了“成吉思汗”和“草原之歌”雕塑，支持树立了“毕业林”石碑并亲笔题写蒙古文碑名，确定火炬树为毕业林树种，象征着内蒙古大学毕业生红红火火、前程似锦；他带领全校师生员工争进“211 工程”,使内蒙古大学成为省部共建高校,在全国高等教育整体布局中作用明显,不可或缺,被教育部部长称赞为“一马当先、万马奔腾”的草原高等学府。[①]

(三)育人管理上以身作则、胸怀祖国,影响成就后人

在研究生的眼里,旭日干老师就是一座闪光的丰碑,他用自己的光芒指引着众人前行。旭日干老师经常以自己在国外的科研经历警醒每个研究生。在实验室里,研究生最经常听到旭日干老师的训诲是“三个不过分”,即“实验做得再认真也不过分”“实验记录做得再详细也不过分”“实验室打扫得再干净也不过分”。这样的训诲成为多数研究生的科研座右铭。

旭日干老师给学生最深刻的教育是他胸怀祖国、报效人民的爱国情怀。他曾满怀深情地对毕业研究生说:“今天你们从这里走出去,将会在科学的道路上继续开拓,但是,不管你们将来有多么大的成就,做出多么大的贡献,请不要忘记,你们是‘内大人’,也真心希望当你们学有所成的那一天,能够回到内蒙古,回到我们的实验室工作。”[②]他是这么说的,也是这样做的,他用身体力行、以身作则的作风,深深地影响了一代又一代

① 参见内蒙古新闻网,马丽侠:《内蒙古大草原的儿子:“试管山羊之父”旭日干》[EB/OL],(2017-06-16)[2015-12-28],http://inews.nmgnews.com.cn/system/2015/12/28/011843840.shtml。

② 内蒙古新闻网,马丽侠:《内蒙古大草原的儿子:“试管山羊之父”旭日干》[EB/OL],(2017-06-16)[2015-12-28],http://inews.nmgnews.com.cn/system/2015/12/28/011843840.shtml。

研究生,也成就了一代又一代研究生,他的爱国情怀促使一批批海外留学研究生毅然回国,回到内蒙古自治区,投身于边疆,用自己的行动践行着吃苦耐劳、一往无前的“蒙古马精神”。

旭日干同志呕心沥血,一心为国,为科学的发展做贡献,70多岁的高龄还坚持高强度的工作。2015 年 12 月 24 日,劳累过度的旭日干同志突发疾病,医治无效,在北京逝世。旭日干同志虽然离开了我们,但在他的精神感染下的年轻一代教学科研工作者会在他的指引下砥砺前行,继续攀登科学新高峰。他用自己的切身行动表达着对故土家园和骨肉同胞的热爱。

二、最美乡村教师——商永军

蒙古族有一句谚语:“爱自己的孩子是人,爱别人的孩子是神。”今年 45 岁的商永军,是内蒙古扎兰屯市洼堤乡民族学校的教师。在这个大山深处的民族聚居区内,各族乡亲们都称他为“神”。

(一)30 元的代课费一坚持就是 13 年

洼堤乡民族学校在偏僻的色吉拉呼村,地处大兴安岭南端大山深处。学校有 30%的蒙古族学生。1966 年出生在这里的商永军,家庭异常贫困,高中毕业时面对着重病在床的父亲,面对着全家六口人举步维艰的生活,品学兼优的他含泪放弃了继续求学之路,17 岁的他毅然接过了父亲代课教师的接力棒,从此扎根在这个偏远落后的山村学校。在代课教师的十几年里,面对每月只有 30 多元的工资,面对着别人劝他下海、乡政府聘他当团委书记的机会,他从未动摇过,始终坚守着这份净土,默默耕耘,赤诚奉献。

1982 年,年轻的商永军被派去孤山村教小学毕业班,每天上班十六七里的山路全靠步行。去学校必须要经过一条泉水河,由于泉水到冬季就形成几百米宽的冰湖(雁流水),商永军就把一双高腰水靴子藏在河边,每天穿着它过到河对岸后脱下藏起来,回来时再穿回去藏起来。就这样,不管严寒酷暑、风霜雨雪,他每天都提前到校。冬季雪大时,为了不耽误学生,他头顶星辰起床徒步上班,寒风相伴月夜回家。功夫不负苦心人,那一年,商永军所带的班级 11 名学生全部考上了初中——“连班推”,这在当时偏远的小山村简直就是个奇迹,孤山子村一下子沸腾了、轰动了,人们都为这个 17 岁的小老师竖起大拇指。

(二)播撒民族团结友爱的种子

洼堤乡民族学校的学生都是蒙汉混合编班,主要用汉语授课。洼堤乡是呼伦贝尔岭南地区唯一的蒙古族聚居乡,很大一部分孩子不会流利地讲汉语,这样班级的管理难度和教学会异常艰难。针对这种情况，商永军以高度的使命感，用爱心、耐心为学生建立信心，呵护着团结友爱的班风。

蒙古族学生溪朝鲁门小学在蒙古族地区上学，后转入洼堤民族学校。刚入学时，学习汉语非常吃力。在语文课上，商老师经常找他回答问题、读课文，下课后还让汉族同学和这个蒙古族少年一起交流，学习汉语表达，学生们向他学习蒙古语，一起学射箭，练搏克。一个学期之后，班上的同学们都能用简单的蒙古语会话，而溪朝鲁门的汉语也大有进步，并在中考中取得了420分的好成绩，他在体育方面更是出色，被市里一所重点中学体育特长班录取。2009年，溪朝鲁门在扎兰屯市民族中学运动会中打破男子铅球记录并保持到现在。他说："是商老师帮我改变了命运，坚定了人生的奋斗目标。"

几年来，商永军所带的班级，每届学生都因互相学习蒙古语、汉语，实现蒙汉双语交流互动，带动了全校汉族师生学习蒙古语的热潮，为传承民族文化、发展民族教育奠定了良好的基础。

（三）心系辍学孩子费尽心血

当地村民多数未受过正规教育，部分家长存在着"农家孩子上不起学，上了学也不好找工作"的思想，常常有孩子辍学。想着那些因贫困而辍学的学生，商永军寝食难安，于是他顶风冒雨，深一脚浅一脚地走访学生家长。1996年隆冬，大雪封山，商永军骑摩托车去德格吉日呼村家访，回来时天已经黑得伸手不见五指，颠簸在崎岖山路上的他，一不小心连人带车子摔进了色吉拉呼村桥边的沟里，刺骨的冰水冻得他瑟瑟发抖，高烧持续很久才退。

学生杨海波，因父母身体不好，干不了重活，生活特别困难，这个男孩子几次想辍学打工。商永军几次到他家家访，动员他回校上学，并且把孩子领到自己家里免费吃住一年多。2010年，杨海波以优秀成绩考上重点高中。

学生靳丹丹学习努力，品学兼优，可父母觉得她是一名女孩，打算让她初中毕业就回家务农。商永军几次到靳丹丹家去家访做工作，说服其父亲让她重返校园，后来靳丹丹考上了西安农业大学，还在大学担任学生会主席。

28年来，商永军走乡串屯，用一颗滚烫的心说服了一名又一名家长，动员回来一名又一名辍学的学生。

（四）亲生女儿上学靠贷款

商永军一家五口，父亲早逝，老母亲因患风湿几乎丧失活动能力。妻子说，家里的两个女儿他好像从来没管过。现在，大女儿从天津的一所大学毕业，已经工作；二女儿在广州韩山师范学院上大四，一家人全靠商永军的工资支撑。女儿上大学靠的是助学贷款，但商永军很乐观：“等孩子都毕业了，我就轻松了。”他没能给家庭、妻子女儿带来物质财富，但他却用自己热情的双手帮助着每一名学生。

商永军的学生李馨因父亲患白血病去世,她和母亲相依为命。为给父亲治病,家里欠下了十多万元的外债,在农村这几乎就是个天文数字。李馨几次面临辍学,商永军和校领导一起组织师生为她捐款1000多元,还为她争取了贫困生补助,解决了她上学的所有费用。学校统一做校服,商永军悄悄地为李馨交上钱。

1995年,商永军通过选招转为正式教师。可按妻子的话说,工资高了,他花在学生身上的钱也就更多了。商永军从教28年,像李馨、杨海波这样的学生连他自己也不知道帮助了多少。正是有了这样的信念,爱才得以深深地延续和传递。

考上中国科技大学研究生的孙玉才说,每当自己遇到困难的时候总会想起商永军老师讲过的话:"只要你努力坚持,总有一天会成功。"

"每当看到自己的学生一个个从贫困山区走出去成人成才,我的心里感到无比的自豪和幸福,再苦再累心也甜!"在商永军所教的学生中,有的是行政干部,有的是企业管理人员,有的是人民教师,有的在读研究生。他说,他要尽自己的毕生精力在教育这块园地里,给孩子们一个希望的春天。

桃李不言,下自成蹊。商永军老师为了给学生更好的教育,他高度重视并不断提升自己的业务水平,他通过自考,取得哈尔滨师范大学中文专科、吉林师大本科文凭。作为呼伦贝尔市级骨干教师,扎兰屯市1998、2002、2006年三届优秀教师,2007年扎兰屯市级优秀班主任的他,在2009年第四届“希望杯”全国中小学生作文大赛中,他指导的学生马云凤、韩雪的《故乡秋色》获得一等奖,他本人被评为“最佳辅导奖”;2011年,由他提出的《实行任课教师例会制度利于教学质量的提升》的建议得到了学校的高度重视,并付诸实施,收到良好效果。

就像一名初二女生在作文中说的:“商永军老师以他优秀的品格、精良的业务、纯洁的爱心、高尚的情操教育、影响着我们这些大山里的孩子们。商老师的情操就像我们家乡清凌凌的河水,永远承载着我们的快乐!”①

三、北疆工匠——钟志波

他是一名只有高中文化程度的普通工人,却用自己的勤奋和智慧发明了多项实用专利技术,将全国“五一劳动奖章”的殊荣揽入怀中。在他的身上,集中折射了神华员工扎根基层、奋发有为的时代形象。他就是集全国“五一劳动奖章”获得

① 参见金建军,纪明国,刘艳伟:《“最美的乡村教师”商永军》,中国广播网,[EB/OL],(2011-09-21)[2017-06-16],http://news.sina.com.cn/c/2011-09-21/123123192751.shtml。

者，全国技术能手，内蒙古自治区、神华集团公司、呼伦贝尔市三级劳动模范和神华集团公司技术能手等诸多殊荣于一身的神华宝日希勒能源有限公司露天矿（简称“宝矿”）职工钟志波。

在“宝矿”，钟志波算得上是个“名人”，这名气源于他对电子技术的精通和开发出多项实用型技术，实现了由一名普通工人向专家型人才的蜕变。

“宝矿”机电副矿长田志伟说：“多年来，钟志波身上最可贵的地方就是自己一直保持着对无线电技术的热爱，坚持着自学的习惯。自学是他获取新技术、新知识的重要途径，也是他创造力的源泉。”

“他最让我们敬佩的是他对技术坚持不懈钻研的精神和创新精神，很多次研究新技术，我们认为这个技术已经不可能研制成功时，他依然一次又一次地做实验，反复地进行研究，直到攻破技术难关，取得成果。这种精神非常值得我们学习的。目前我们矿上使用的很多技术都是他自己亲自研究设计的。”“宝矿”机电部技术员李金光说。

沉默寡言的钟志波一门心思地投入无线电技术的研究中，作为妻子的高春明有时难免有些怨言：“他平时很少说话，每天下班回来，不是摆弄一些电子配件，就是在电脑上找资料，有时把在单位没有做完的工作还带到家里来干，家务活基本指望不上他，但看到他完成一项技术项目或一个电子产品，我心里也很高兴，家里的音响、DVD 机都是他自己做的。所以，时间长了，我也习惯一个人带孩子、做家务了，全力支持他钻研技术。”

钟志波的成功绝非偶然，而是来自数十年如一日的勤奋自学和刻苦钻研。他自上中学后就酷爱无线电知识，中学时起便开始自学无线电技术。但那个时候的电子产品还十分匮乏，他就千方百计地收集各类电子元件，甚至把每月仅有的几块零花钱攒起来，从“宝矿”骑自行车往返几十里到海拉尔买电子元件。“那时候，我成了海拉尔的国营电子器材商店和新华书店的常客，每次成功制作电子元件设备是我最大的快乐。”钟志波说。高中毕业时，他用简易的电子元件组合，全手工制作而成的卫星地面接收站，成功接收到了凤凰卫视的电视信号。正是这次牛刀小试的成功，使他走上了电子技术研发这条人生道路，并一直探索前行。

“宝矿”采坑旁边的一间彩板房里，一台电脑和几本书摆放在办公桌上，旁边的地上堆积着还未完工的试验用电子元件器材，这里就是钟志波进行发明创造的“实验室”。多年来，钟志波积累了大量的书籍，每当遇到技术难题时，他就去书籍堆里找答案。通过不断的自学，钟志波积累了丰富的专业知识和实践经验。然而，他并没有把这些技术束之高阁，而是积极推广应用，解决生产实践中出现的问题。

2005 年，他针对露天矿使用的传统机械式继电保护柜的固有缺点,设计安装了露天矿供电保护集中监控系统,实现了供电保护的智能化、数字化、网络化,极大地提高了露天矿安全供电水平,收到了明显的经济和安全效益。该项目的技术论文《利用PLC建立宝日希勒露天矿供电集中监控系统》发表在2006年第3期《露天采矿技术》刊物上。随后,为解决露天矿周围疏干井的配套集中监控,钟志波大胆试验了CAN总线,使25眼疏干井实现了集中控制。该项目技术论文《CAN总线在露天煤矿疏干井集中控制系统中的应用》也在同年《露天采矿技术》第5期上发表。

露天矿长期受到滑坡给生产和安全带来的威胁,钟志波就根据露天矿的实际地质条件,历时两年设计出了边坡位移远程自动监测系统,使露天矿具有了0.1毫米精度全天候的边坡位移远程自动监测能力。该系统应用了ZIGBEE这项国际最新的无线网络技术,使系统具有了较高的技术水平,可对即将发生的滑坡做出提前预警。这一技术很快就凸显了它的现实应用价值。2009年6月13日凌晨,边坡位移远程自动监测系统发出了西帮矿区即将发生滑坡的警报。当时西帮矿区有70多台排土车辆在往返运行,收到警报后,露天矿马上命令作业车辆停止作业。3点半开始,四平盘和三平盘矿区相继开始滑坡,但由于撤离及时,没有造成设备和人员损失。

由钟志波自主研发设计的露天矿坑下水泵房无人值守自动控制柜,每年节约人工成本近80万元,节约电能80万度,节约电费40万元,实现了自动化监控,并消除了人的不安全行为隐患,真正实现了本质安全。钟志波的发明,已经累计受到公司3次2万元的奖励,并于2010年晋升为技师。2012年,他被聘为露天矿机电管理部副主任。多年来,有了“宝矿”领导的大力支持,钟志波才能积极进行技术发明和创新工作,并不断取得突破性的成果。而他也将这两者完美地结合,在不断实现自我价值的同时,用无言的行动回报企业。[①]

① 参见白静:《从工人到技术专家的“蜕变”——记全国“五一劳动奖章”获得者神宝能源公司职工钟志波》,中国煤炭新闻网,[EB/OL],(2012-04-24)[2017-06-16],http://www.cwestc.com/newshtml/2012-4-24/240783.shtml。

第三节　"蒙古马精神"在内蒙古各族人民现实生活中的表现

"蒙古马精神"最基本的特质和核心要素就是吃苦耐劳、一往无前,这体现在各族人民现实生活中,就是在各族人民实现"中国梦"与"尽责圆梦"的过程中所体现出的勇往直前、精诚团结精神,甘于奉献、责任担当精神,以厂为家、开拓进取精神等。这些精神源自于生产、生活一线普通工人群众,涌现出的精神典型又鼓舞着广大基层群众继续努力工作,用自己的行动践行"中国梦"、地区梦和个人梦,进而在社会主义核心价值观的指引下,全面进入小康社会。

一、内蒙古君正能源化工股份有限公司检修主管张德君

张德君是内蒙古君正能源化工股份有限公司发电事业部

检修部的一名普通检修员，他在这个岗位上已经工作12个年头。12年如一日，工作中的张德君对自己的要求近乎苛刻，用他的话说，设备检修是一项基础工作，如同盖楼房要打好地基一样，来不得半点儿马虎。正是这份执着和热情，使他练就了一手给设备“看病”的绝活，解决了许多连专家都“挠头”的难题。

（一）脏活累活抢着干

在他所在的检修部，无论是从工龄还是从年纪来说，年近五旬的张德君都算得上是老前辈，而且带出了许多徒弟。因此，在工作中，他完全可以当技术指导，不必凡事都亲力亲为。可实际情况恰恰相反，他总是冲在第一线，脏活累活抢着干。检修空气预热器是每次小修的一项重点工作。检修时，检修员必须钻进空预器管箱内作业。空预器管箱空间狭小，检修人员只能半蹲或弓着腰工作。尽管如此，张德君总是亲自上手，有时一干就是数个小时。为保证安全生产，发电事业部除开展例行的小修外，还定期开展大修。一位工友告诉记者，有一回大修，张德君连续33天没回家，一直奋战在工作岗位上。

“检修部的工作就是围着设备转，如果设备有了故障，无论啥时候，检修员必须做到随叫随到。”张德君这样形容自己的工作。有一年的大年三十，斗轮机机轴发生断裂。接到维修通知后，张德君立即带着工友们赶去抢修。当时，室外气温达到零下26摄氏度,张德君和工友们冒着严寒在户外整整工作了一天,终于将设备修好。虽然工作艰苦,但张德君却乐在其中,用他的话说,每排除一个故障,每解决一个难题,心里都有一种成就感。

(二)练出来的专家

高高的个头、魁梧的身材,张德君是一个典型的东北汉子。与外形极不相称的是他工作中的那股子细致认真劲儿。在排查设备故障时,他不仅会认真检查,还会仔细倾听设备运行中发出的声响,甚至凭借机油味儿来判断故障在哪里。多年的工作经验告诉他,声响和气味会反映设备运行的情况,帮他找到故障所在。他这套行之有效的"体检"办法,也被工友们形象地称为"望、闻、问、切",在检修部里被大加推广。

张德君不但工作认真细致,而且喜欢琢磨难题。正因如此,一些连设备生产厂家的技术人员和高校专家都没辙儿的"老大难"问题被他成功破解。细碎机的锤头锤臂非常容易磨损,原来3个月就需更换一套,费用在数十万元左右。为了节约成本,延长使用寿命,发电事业部曾专门请来设备生产厂家的技术人员和某高校专家"诊治"。面对这一技术难题,行家们最终只能无奈地摇头。如何破解这一难题也成了张德君工作之余琢磨最多的事儿。功夫不负有心人,经过多次验证,张德君采用自创的补焊锤头锤臂后重新配重做动平衡的方法彻底解决了这个“老大难”问题,仅此创新每年就为发电事业部节约备品备件费用60余万元。

类似的故事在他身上还有很多。工作10年来,张德君已有3项发明获得国家专利,成为发电事业部里名副其实的“专家工人”。2010年,在全国电力职工技术成果评比中,张德君的参评课题“可逆锤击式细碎机的现场找平衡方法”荣获了二等奖。

这就是张德君,一个外表朴实无华、将工作当成事业干的老检修员。他用爱岗敬业的精神书写出自己的精彩人生。

二、内蒙古第一机械集团有限公司数控车工赵晶

赵晶,2003年大学毕业后成为内蒙古第一机械集团有限公司的一名数控车床加工技术工人。参加工作14年来,她见证了我国装甲车辆的飞跃。每一个产品、每一个型号都凝聚着她与无数科研人员和技术人员的辛劳和汗水。

(一)以身作则求教钻研两不误

赵晶作为班组建设领导小组的质量员,担负着整个班组质量监督和质量事故预防的重担。长年累月与各种数控机床和各种零件为伴,赵晶对所从事的数控加工工作也有独到的理解

和体会。她常说,质量是企业的生命,作为一名兵工企业的加工人员,质量监督显得尤为重要。

某军品螺栓是一军品项目某部件的主要零件,生产基数为46件/台,尺寸精度要求严格,并且要求其螺纹与配合端面的垂直度达0.03毫米,这是唯一一项由军代表直接检验的一级精度螺纹产品。其精度要求不易保证,产品合格率仅为85%。经过工艺和工装改革,历时5个月,通过不断完善和优化,赵晶和她的班组成员成功地将产品合格率提高到98%,为企业每年节约成本10万元左右,每批次减少加工时间2~3天。

在工作中,赵晶勤于求教,悉心钻研,每月至少工作300小时,下班了还不停琢磨工艺技法。“每次来找赵晶,就见她站在车床边弓着腰忙活。”这是同事们对赵晶的印象。

赵晶常说:“做一份工作,就要全心全意,态度很重要。”参加工作以来,她深深体会到,作为一名技术工人,要想体现自己的人生价值,就要立足本职岗位充分锻炼,不断完善和提高自己的综合素质。工作中,除了从老师傅身上不断学习,吸取更多经验,她还通过各种渠道努力学习本工种的操作技能,并积极参加公司举办的岗位练兵、技术比赛活动,通过比赛大大提高了自己的理论知识和实际操作技能,成为公司数控加工领域的领军人物。

(二)成立工作室专攻技术难题

2013年,公司以强大的数控加工能力和大批高技能数控加工人才优势为依托,以培养高技能人才、提高加工能力为目标,成立了数控技能创新工作室。同年,以数控技能创新工作室为基础,申报成立了内蒙古自治区级“赵晶技能大师工作室”。

“哪里有技术难题,哪里就有我们工作室。”这是赵晶在工作室成立之初做出的承诺。工作室成员由生产一线高技能数控人才组成,工作室根据每个人各自的技术特点和擅长领域,结合当前数控生产的实际需求,研讨制定了一批具有操作性强、推广性高、高效低耗、拥有较高实用价值和经济效益的立项课题和攻关项目,成立课题攻关小组开展专项技术攻关。

在工作室课题项目中,赵晶负责“数控程序模块在生产实际中应用”的课题研究。该课题主要以螺纹钢套类零件的标准化加工为切入点,赵晶通过一系列工作实践和研究,使螺纹钢套类零件的加工质量得到了极大地改善,其平均废品率降低30%,单件加工时间由改善前的65分钟缩减为5分钟,加工效率提高10倍以上,班产量由从前的30件提高为80件,刀具费用节省30%,原材料费用节省5%。全年共可节约台时费用462100元,节约材料费13863元,两项累计节约47万余元。赵晶说:“干一行,爱一行。学一行,钻一行,一个人仅有工作热情还不够,必须要有知识,做知识型员工是我的追求。"

(三)传授技术带出多名业务骨干

赵晶常说:"企业培养了我,我就要在各个方面回报企业。"她对自己的技术从不吝惜,把多年来积累的知识和技能无私地传授给其他人,带出了多名业务骨干。几年来,赵晶和她的徒弟们先后完成技术革新、合理化建议、QC成果等30余项,突破多项科研难关,解决了生产中的许多难题,为工厂创造了可观的经济价值,多次受到公司的表彰奖励。他的徒弟吕建东,经过一对一重点培训后,除了技能水平有了显著提升,还能够进行数控设备的调试和优化,逐渐成长为一专多能型人才。吕建东先后荣获"先进生产者""青年岗位能手"等称号,从一名普通的操作工成为公司重点培养的高技能人才。另一名徒弟巩建新在普通车工操作中表现出色,曾在自治区车工比赛中荣获第一名,赵晶负责对他的数控车床技能水平进行提高培训。通过理论提高、实操讲解、专项练习等专项培训,短短半年时间使他的数控车床操作水平突飞猛进,在内蒙古自治区数控车工技能竞赛中取得自治区第二名的好成绩,为集体和个人赢得了荣誉。

随着企业发展,赵晶决心继续发挥技术优势,立足本职岗位,创新工作,用自己的智慧和汗水为企业发展做出更大的贡献。①

三、呼和浩特铁路局焊轨段高级技师郭晋龙

铁路运输密度越来越高,列车运行速度越来越快,钢轨上的每一点瑕疵对旅客和列车的安全来说都是致命的。

郭晋龙,呼和浩特铁路局焊轨段维修工,专门负责消除这些潜在的危险。从一名只有初中文化,连一张简单电路图都看不懂的维修工,成长为电气设备维修方面的行家里手,一个敢于向“洋专家”叫板的工人技术专家。郭晋龙不仅将钢轨上“最危险的皱纹”抹平,还凭借其研发的“钢轨焊缝双频正火设备及工艺”,荣登国家科技最高领奖台,成为中国铁路工人获此殊荣的第一人。

(一)“0.4 秒之争”

这是郭晋龙诸多研发故事中最著名的一段。它源于研发钢轨淬火生产线失速报警装置时,郭晋龙和工友的一次分歧。

① 参见苗旭,《赵晶:干一行 钻一行》,内蒙古晨网,[EB/OL],(2017-05-15)[2017-06-16],http://www.nmgcb.com.cn/ztlm/70metting/tupianbaodao/2017/0515/134359.html。

经过不断攻关，郭晋龙和工友好不容易成功研发出失速0.5秒报警装置，能大大降低钢轨焊接时因失速过度加热造成的烧化报废风险。在令人欣喜的时刻，郭晋龙却冷静地“泼了一盆冷水”，他近乎苛刻地提出：“必须做到失速0.1秒就报警。”

为了寻找解决方法，郭晋龙整天守在淬火生产线旁，仔细观察钢轨淬火过程的每一个细节。他跑遍了呼和浩特的电子市场，找来不同型号的传感器逐一“上线”测试。还自己动手给电路板做“手术”，改变电容容量，缩短电容充电时间……反反复复研讨、改进，为了这0.4秒灵敏度的提升，郭晋龙和工友付出了艰辛的努力。终于他们成功了。

（二）“搞研究就要精益求精”

这是郭晋龙不变的工作态度，也是他的初心。1992年5月，单位引进了一台瑞士钢轨焊接机，瑞士专家在做安装调试时出了些问题，一连几天都找不到解决办法。郭晋龙默默守在现场，日思夜想，找出了问题所在。当年仅35岁的郭晋龙走出焊机微机控制室，微机控制自动焊接焊机正常运转起来，外国专家对郭晋龙竖起了大拇指。“土专家”战胜了“洋教授”。

他不满足于当个“土专家”，开始放眼国际工业自动化控制领域的发展和国外各种高精尖设备的创新。由于外语水平有限，他就让女儿对着专业字典一点点给他翻译，发明了自己能看懂的符号来代表，实在看不懂的就做试验进行论证推断。

形成了一套"与世界接轨"的"郭氏电气设备维修技术"。

郭晋龙参加工作30多年来,坚持勤奋学习,刻苦钻研,努力破解生产中的技术难题,在平凡的岗位上做出了不平凡的业绩,成为全路知名的焊轨技术专家。他先后开展技术革新和新工艺设计19项,多次承担了外国进口尖端设备的安装调试工作,累计为国家和企业挽回资金损失900余万元,为国家和企业创造直接经济效益达1100万元;多次参与国外进口尖端设备电气部分的安装调试工作,屡获外国专家赞誉;应邀为全国铁路11个焊轨单位排除急难故障,挽回因换轨、淬火设备故障停产所造成的经济损失200余万元。他研发的"焊轨基地焊接生产线钢轨输送连锁控制系统"等多项技术成果,被国内十余家企业,30多条生产线采用。2011年1月,郭晋龙凭借"钢轨焊缝双频正火设备及工艺",获得国家科学技术进步二等奖,成为中国铁路工人登上国家科技最高领奖台的第一人,并多次受到党和国家领导人的亲切接见。他自学成才的先进事迹,2007年编入全国中小学生美德教育读本《当代中国著名人物美德故事丛书》。[1]

---

① 参见央视网:《郭晋龙:"土专家"靠自学战胜"洋教授"》,[EB/OL],(2017-08-03)[2017-12-04]http://news.cctv.com/2017/08/02/ARTI5bAh7i4FyXCVqlNQUqPD170802.shtml。

第五章

在自治区党委的领导下用“蒙古马精神”打造祖国北疆亮丽风景线

2014年1月26—28日，习近平总书记在内蒙古考察期间，对全区提出了“守望相助”“把祖国北部边疆这道风景线打造得更加亮丽”的奋斗目标。遵照总书记的指示，自治区党委团结带领全区2500万各族人民正在为打造祖国北疆亮丽风景线而努力奋斗。

第一节　祖国北疆亮丽风景线是“中国梦”在内蒙古的生动实践

2014年春节前夕，在这全面深化改革开局之年、内蒙古自治区全面建成小康社会的关键时期，习近平总书记考察民族自治区的第一站就来到了内蒙古自治区，这充分体现了党对内蒙古自治区各项事业的高度重视，党对内蒙古各族人民的亲切关心。习近平总书记就内蒙古自治区全面发展和长远发展做了重要指示，以“守望相助”和“打造祖国北疆亮丽风景线”为主题，阐述了内蒙古自治区在全国发展全局中的重要定位，对内蒙古自治区未来的目标任务、发展路径、重点任务等做了全方位的部署，提出了具有很强的指导性和针对性的“四个着力”的重点任务，这对我们实现内蒙古自治区的全面建成小康社会的奋斗目标，不断夺取改革开放和现代化建设的新的伟大的胜利，具有极其重要的意义，践行总书记考察内蒙古重要讲话的精神，就是谱写中华民族伟大复兴“中国梦”的内蒙古篇章。

2018 年 3 月 5 日，习近平总书记参加了十三届全国人大内蒙古代表团审议并发表重要讲话，“深刻指出内蒙古在党和国家工作全局中的重要地位，充分肯定党的十八大以来我区各方面建设取得的新成绩，对进一步做好内蒙古工作提出殷切希望和重要要求。总书记的重要讲话，思想深邃、内涵丰富、情深意切、语重心长，充分体现了总书记对内蒙古各族人民的深情牵挂和亲切关怀，使我们倍感温暖、备受鼓舞、倍增信心，为我们奋进新时代、开启新征程、谱写新篇章指明了前进方向、注入了强大动力。”①

一、祖国北疆亮丽风景线的提出、内涵和实质

2014 年 1 月，习近平总书记在考察内蒙古期间提出的“把祖国北部边疆这道风景线打造得更加亮丽”的时代要求，这既是对内蒙古全局发展和长远发展的重要指示，又是为内蒙古“量身定做的”行动纲领。

（一）以“守望相助”把握内蒙古在全国发展大局中的战略定位

落实好“守”，是建设“两个屏障”的新要求。一是守好家

① 李纪恒：《打造亮丽北部边疆》，《人民日报》，2018 年 3 月 6 日（13）。

门,守好祖国边疆,筑牢祖国北疆安全稳定屏障。这是由内蒙古在国家安全中的重要地位决定的。内蒙古属于祖国边疆的民族地区,一个安定和谐的政治局面,有利于国家安全稳定的大局,有利于实现内蒙古的发展和落实全区各族人民的根本利益。保证我国北疆安全稳定,是内蒙古自治区一项重要的政治任务,更是义不容辞的历史使命。一方面,“守好祖国边疆”,就是要坚持看好我们自己的门,办好我们自己的事,管好我们自己的人。就是要坚持守土有方、守土有责,推进建设平安内蒙古、法治内蒙古,以确保内蒙古自治区的稳定发展,确保祖国北疆的和谐安宁。另一方面,要加强与俄罗斯和蒙古国的经济合作,既要稳定对外关系的大局,又要守住对外开放的大门。习近平总书记指出,各族干部群众都要明白,没有民族团结,哪一个民族也过不上好日子“保证北方边境安宁,这是党中央对内蒙古的要求”。总书记的讲话,为我们继续维护安定团结大好局面指明了前进方向,我们一定要把内蒙古建设成为祖国北疆安全稳定的屏障。

二是守好少数民族美好的精神家园,筑牢我国北方重要的生态安全屏障。一个民族、一个国家,如果没有精神家园,就等于没有灵魂和生命力。“守好内蒙古少数民族美好的精神家园”,就是要保护好我们的大草原以及草原人民传承下来的悠久文化。习近平总书记在讲话中提出:“保护好内蒙古大草原的生态环境,是各族干部群众的重大责任。”这既有利于内蒙古自治区人民的生存和发展，又有利于华北、东北、西北，整个祖国北方的生态环境保护和改善。所以说，内蒙古自治区的生态环境建设具有重大的意义和贡献。不仅如此，内蒙古草原文化深厚，草原既是草原文化传承的基本依托，又是各民族文化的重要承载地，是彰显内蒙古民族文化的代表。所以，保护好内蒙古大草原，就是保持内蒙古各族人民的精神家园，就是守住民族文化的根本。

（二）以“四个着力”打造祖国北疆亮丽的风景线

首先，要着力转变经济发展方式。内蒙古自治区的基本情况是总体欠发达，发展内蒙古经济的关键任务是要转变经济发展方式。2014 年 1 月，习近平总书记在考察内蒙古，讲话中特别提出“五个结合”，同调整优化产业结构相结合，同延长资源型产业链相结合，同创新驱动发展相结合，同节能减排相结合，同全面深化改革开放相结合的重要要求。

加快调整优化产业结构必须找准着力点和突破口，通过深入调整产业结构促进发展方式转变。要在服务业培育支柱产业，构建新型化、支柱产业多元化的产业发展新格局，改造传统产业。要抓住国家治理大气污染的机遇，加快能源通道的建设，扩大风电、煤制气、天然气等清洁能源的产业规模。要以“六大基地”为基础，根据内蒙古的有色金属、稀土产业等方面的优势，大力发展有色金属延伸加工等战略性新兴产业。加快推进大型云计算数据中心建设,积极发展云计算应用服务和硬件设备制造。鼓励推广风电供热项目,探索风电、光电等新能源在有色冶炼生产中的应用。加快推进互联网数据中心建设和云计算应用产业发展,引进一批云计算、物联网、移动互联网等信息技术应用企业,积极推动软件服务业、新型电子元器件业和消费类电子整机业加快发展,加快发展电子信息产业。要发展壮大第三产业,产业结构调整的重点是服务业。要进一步建设商贸流通体系、大力发展电子商务、加快推进旅游业发展,使旅游业的发展向常态化国民旅游、休闲度假旅游方向发展。我们要努力把内蒙古自治区建设成为独具祖国北方特色、体现内蒙古草原文化的旅游胜地。

其次,要着力抓好农牧业和牧区工作。总书记在讲话中,就着力抓好农牧业和牧区工作,首先提出了保障国家粮食安全的重点任务,处理好粮食增产与农牧民增收的关系,不能放松抓粮食生产,更多地为保障国家粮食安全做贡献。其次,总书记对内蒙古提出的绿色农畜产品加工基地的建设,给予了高度评价,并鼓励我区积极打造现代畜牧业,依托我区的资源和产业优势建设畜牧业强区、推动我区传统畜牧业向现代畜牧业的转变。内蒙古是农牧业大省,是全国 13 个粮食主产区之一。近几年,内蒙古自治区农牧业综合生产能力稳步提高,粮食产量屡创历史新高,畜牧业产值也稳步提升。内蒙古自治区根据自身特色和优势,以乳品加工、肉类加工、绒毛纺织、农副产品加工为主,正在不断巩固和加强内蒙古优势特色产业。

再次,要着力保障和改善民生。内蒙古的东西部地区发展差距大、城乡居民农牧民的人均年收入差距大、城乡居民增收难度大。习近平总书记在讲话中指出了我们民生工作的差距和存在的问题。差距,就是内蒙古的公共服务水平和民生状况同全国平均水平相比还有一定差距。问题是说我们在民生工作中既有资源不足、投入不足的问题,又有分配不公、作风不正的问题。所以,我们内蒙古自治区要拓宽增收渠道,做好民生基础工作,打好扶贫开发的攻坚战。推进创业就业工程,努力让人民群众过上舒心的日子。完善社会保障体系,努力让人民群众过上放心的日子。

最后,要着力搞好党的群众路线教育实践活动。党建工作是做好各项工作的根本保障,要坚持党要管党、从严治党方针,全面加强党的建设,提高党建工作科学化水平。要清醒地认识到党所面临的执政考验、改革开放考验、市场经济考验、外部环境考验比以往任何时候更加严峻。要克服党所面临的精神懈怠的危险、能力不足的危险、脱离群众的危险、消极腐败的危险,就必须要全面从严治党,全面从严治党任务艰巨繁重。

从 2014 年 1 月,习近平总书记考察内蒙古以来,内蒙古自治区始终团结在以习近平同志为核心的党中央周围,主动自觉地在思想上、政治上、行动上同以习近平同志为核心的党中央保持高度一致,不断增强政治意识、大局意识、核心意识和看齐意识，统筹推进“五位一体”总体布局，协调推进“四个全面”战略布局，主动适应和引领经济发展新常态。全区上下坚定统一思想、凝聚力量，扎实有效地推动各项工作，让习近平总书记的讲话精神落地生根、开花结果。

通过坚持不懈努力，内蒙古自治区实现了经济实力的新跨越、深化改革的新突破、发展方式的新转变、法治建设的新进步、社会文明的新提升、人民生活的新提高、生态环境的新改善。

内蒙古自治区的各级党组织和广大党员干部，团结带领各族人民守望相助、团结奋进、自强不息、一往无前地打造祖国北疆亮丽的风景线，以优异的成绩庆祝内蒙古自治区成立70周年、中华人民共和国成立68周年及党的十九大的胜利召开。

二、祖国北疆亮丽风景线的实现需要“蒙古马精神”

任何社会的发展进步，积极向上的思想动力都是永远不可缺少的最根本的精神要素。我们要深刻地认识“蒙古马精神”的思想内涵，并充分发掘“蒙古马精神”在当今时代的价值，这将有助于我们把祖国北疆风景线打造得更加亮丽。

（一）“蒙古马精神”有助于适应经济发展新常态

内蒙古自治区资源丰富、幅员辽阔、物产丰富。羊、煤、土、气等资源是内蒙古的特色资源，这些资源曾有效支撑了过去内蒙古自治区经济的快速发展。同时，这种特色资源的优势也造成了自治区的资源加工单一、产业结构单一、缺乏深度加工等一系列的问题。

根据内蒙古经济社会发展的实际情况，内蒙古自治区党委政府提出了调整产业结构、促进产业结构转型升级一系列的措施，以促进经济社会的可持续发展。正如习近平总书记出席在人民大会堂举行的世界汗血马协会特别大会暨中国马文化节主席会议时所指出的，“建设国家需要万马奔腾的气势，推动发展需要快马加鞭的劲头，开拓创新需要一马当先的勇气”。[①]“蒙古马精神”对于推动产业结构转型升级具有极其重要的意义，“一往无前”“勇往直前”启示我们要脚踏实地、心存高远、立足长远、确立目标、准确定位内蒙古经济社会未来发展的方向；“吃苦耐劳”要求我们要艰苦奋斗，勇于拼搏。

（二）“蒙古马精神”有助于和谐内蒙古的建设

内蒙古自治区作为边疆少数民族地区，保持了长期稳定的

① 《人民日报》2014 年 5 月 13 日，第 1 版。

政治环境和社会环境。但是,我们仍然要看到复杂的国内外形势所面临的挑战。境外一些分裂主义势力在我国的边疆民族地区心怀叵测、跃跃欲试,寻事作祟,我们要时刻地防范;在国内方面,打好防范化解重大风险攻坚战,需要我们认真对待。使广大人民共享发展成果是实现社会和谐、经济稳定的前提和基础;我们要传承“蒙古马精神”中的精忠团结精神,尊重蒙古马情结在内蒙古各族人民中的地位,大力弘扬“蒙古马精神”,促进民族文化认同,使内蒙古自治区的各个民族更加珍惜现在安定的社会环境,共同致力于和谐内蒙古的建设。

(三)“蒙古马精神”有助于推进文化强区建设

内蒙古的草原文化与“蒙古马精神”是紧密相连的,所以我们要注重内蒙古草原文化的建设。在内蒙古草原文化中,有关蒙古马的描述在蒙古族文学作品中非常常见,蒙古族史诗《江格尔》中英雄的坐骑,就是“蒙古马精神”的展现,它是集烈马的野性、威严的神性和善良的人性于一体的艺术形象。蒙古马英勇、果敢、无畏、顽强、刚毅、坚定、聪敏,而且在许多时候,最后会成为战胜邪恶、解救英豪、启发世人的决定性因素。所以,蒙古马无疑是蒙古族的文化图腾和精神符号,蒙古马在内蒙古各族人民的心中是具有灵性的、具有神奇的力量的蒙古民族精神的一种象征。因此,我们要大力弘扬“蒙古马精神”,这对我们内蒙古草原文化的建设具有非常重要的意义。

(四)“蒙古马精神”有助于深化对外交往

内蒙古自治区位于祖国北疆,在对外关系中具有重要的地位,马在蒙古国、中亚各国同样备受推崇,“蒙古马精神”将成为我国与蒙古国、中亚各国国家友好交往的重要纽带。2014年8月,习近平总书记访问蒙古国时,在蒙古国国家大呼拉尔所做的《守望相助,共创中蒙关系发展新时代》的演讲中,特别提到了蒙古马的形象,他说:“今年是中国和蒙古国的马年。马是力量和进取的象征,深受中蒙两国人民喜爱。我衷心祝愿蒙古国国家建设龙马精神、万马奔腾,衷心祝愿中蒙全面战略伙伴关系快马加鞭、马到成功。”①

此外我们还应关注的是,“蒙古马精神”对社会主义生态文明建设也具有重要的时代意义。

蒙古马与生俱来就具有天马合一的灵性,它高度适应大自然,与大自然浑然一体。蒙古马从不对其他物种进行掠夺性的采食,蒙古马非常爱惜自己活动和生存的草原,当草原上的其他生物的采食超过草原的食物提供范围时,蒙古马就会从一个大的马群分成若干个小的马群,减少进食,减轻草原的供养负担,以保持草原生态平衡。可见,蒙古马的这一行为与我们提出的人与自然和谐相处发展的科学发展观是完全契合的。

---

① 《人民日报》,2014年8月23日,第2版。

第二节 “蒙古马精神”铸就七十年辉煌

1947 年 5 月 1 日，内蒙古自治政府宣告成立。回望内蒙古自治区成立 70 年的既荆棘艰辛又波澜壮阔的历程，可以看到，正是“蒙古马精神”铸就了自治区亮丽发展的 70 年。

一、自治区七十年发展的历史征程

亘古草原，骏马驰骋，自治区成立 70 年来，蒙汉各族人民团结一心，奋勇向前，一马当先，万马奔腾，自治区经济社会发展发生了巨大的变化

（一）内蒙古人民政权的建立

内蒙古自治区的成立，开创了中国共产党领导的我国民族区域自治的先河。开辟了中国共产党领导全区各族人民共同团结奋斗、共同繁荣发展的新征程，是内蒙古历史发展中新的

里程碑,在中国近现代史上具有重要的意义。

中国人民抗日战争的胜利,使内蒙古的大部分地区从日本帝国主义的残酷统治下解放了出来,成为了解放区。但是,内蒙古同全国一样,又面临着两种命运、两个前途的决战。

"抗日战争胜利后,中国共产党将马克思主义与中国特色民族问题实际相结合,领导了内蒙古地区自治运动,开创了用民族区域自治解决中国民族问题的崭新道路,推翻了旧社会反动势力的统治,完成了新民主主义革命,成立了内蒙古自治政府,开创了内蒙古各族人民当家做主的新纪元。"①

（二）国民经济恢复时期的内蒙古

中华人民共和国的成立,开启了内蒙古自治区历史的新的一页。全区各族人民继续在中国共产党的领导下,和全国各族人民一起团结奋斗,以一往无前的英雄气魄迈向了向社会主义过渡的光辉历程。根据中央总政策和内蒙古各地情况积极地、稳健地、有步调地推行农村土地改革以及牧区、半农半牧区、城镇的社会民主改革,贯彻落实党中央的民族政策,积极有效地推行民族区域自治政策,恢复和发展内蒙古的农牧业经济,发展社会的科学、文化、教育、卫生等事业,为巩固内蒙古自治区的人民民主专政和全区社会经济状况的恢复发展进行了不懈

① 张吉维、吉雅主编:《各族人民当家做主 · 内蒙古政治建设70年》,内蒙古人民出版社,2017年版,第30页。

的奋斗,并取得了预期的成绩。在短短几年的时间里,就为内蒙古自治区全面地进行社会主义改造和有计划地进行国民经济发展以及在内蒙古实现统一的民族区域自治打下了坚强的经济社会根基。

(三)社会主义改造时期的内蒙古

根据党在过渡时期的总路线和国家第一个五年计划的要求,内蒙古地区党的领导机关和人民政府密切结合内蒙古的实际,特别是民族特点和地区特点,确定了内蒙古贯彻党在过渡时期总路线的基本任务,并相应制订了内蒙古发展国民经济的第一个五年计划。

在这五年中,内蒙古集中主要精力对生产资料私有制进行社会主义改造。无论是对农业、畜牧业的社会主义改造,还是对手工业、资本主义工商业的社会主义改造,除了与全国其他地区有共同性的一面之外,还有极具明显的特殊性的一面。由于特殊性的一面采取了特殊的政策和措施,最终获得了成功,创造了经验。稳妥是内蒙古地区社会主义改造的显著特点。由于稳妥,在一定程度上避免或减轻了全国出现的一些缺点。它既解决了内蒙古社会主义改造中的特殊问题,又为其他少数民族地区的社会主义改造提供了经验。

在这五年中,全面地、大规模地进行社会主义经济建设,是内蒙古各项工作的中心。在经济建设中,制定了适合内蒙古地区的民族特点、地区特点、生产特点的方针政策，采取了适当灵活的措施，从而使工业、农业、畜牧业、商业以及文化、教育、卫生等各项事业取得了巨大的进展，创造了历史的奇迹。其中最为突出的是蒙古族及其他少数民族的经济文化等事业发生了重大变化。

内蒙古自治区的各族人民群众以社会主义改革、社会主义革命和建设的优异成绩，向内蒙古自治区成立十周年献上了一份厚礼。

（四）全面建设社会主义时期的内蒙古

从 1957 年到 1966 年，是我国开始全面建设社会主义时期。

在党中央和内蒙古党委的坚强领导下，自治区的社会主义建设在曲折中得到了巨大的发展。在这一时期，内蒙古的工业建设取得了巨大的成就，钢铁、机械制造、煤炭、电力、森林、纺织、化工等工业从无到有、从小到大，迅速发展起来，形成了内蒙古工业体系，畜牧业生产始终保持了稳步发展的势头，内蒙古自治区的科学、文化、教育、卫生等事业也在艰难和挫折中渐渐地发展起来。

在这一历史进程中，内蒙古党委始终注重内蒙古的民族特点和地区特点，始终坚持党的民族政策，始终坚持民族平等的原则，调整国民经济较为顺利，恢复和发展生产也比较快，较早较好地克服了自身的经济困难，为稳定祖国的北疆做出了特殊的、难能可贵的贡献。

（五）“文化大革命”中的内蒙古

“文化大革命”期间，在极“左”思潮的影响下，自治区经济社会发展也处于停滞时期。

从粉碎“四人帮”到十一届三中全会召开之前这两年是“党的工作在徘徊中前进”的两年。全党、全国以及内蒙古自治区开展了声势浩大的拨乱反正工作，同时也开始对在“文化大革命”中遭到破坏的各项工作开始进行调整。

（六）社会主义现代化建设中的内蒙古

1978 年 12 月，中共中央召开了十一届三中全会，会议决定把全党工作的重心转移到社会主义现代化建设上来。自治区党委团结带领全区各族人民开始全面纠正“文化大革命”及其以前的“左”倾错误，开启了改革开放新的伟大征程，内蒙古开始进入中国特色社会主义建设新的历史时期。

内蒙古自治区党委和自治区人民政府经过调查研究，在对自治区经济建设规律进行充分考虑和认识的基础上，确立了具有重大战略意义并符合内蒙古实际的经济建设方针，比较早地从农村开始进行经济体制改革，逐步推广到牧区和城市，在较短的时期内收到了良好的经济效益，使自治区的经济面貌发生了变化。与此同时，对外开放事业也逐步展开，与国内其他省、自治区、直辖市的横向联系也发展较快,使自治区的经济建设出现了空前活跃的局面。自治区的经济、文化、教育、体育、卫生等各项事业取得了巨大的发展,开拓了社会主义现代化建设事业继续发展的广阔道路。

党的十八大以来,随着世情、国情、区情发生深刻变化,内蒙古自治区以习近平总书记系列重要讲话精神为指引,全面落实习近平总书记在考察内蒙古自治区时的重要讲话,牢固树立和贯彻落实新发展理念,坚持质量第一,效益优先,不断地深入对内蒙古经济社会发展规律的深刻认识,自治区的经济社会发展进入一个新阶段,呈现出新的景象。

内蒙古自治区的综合竞争力逐渐提高,主要经济发展指标不断向好,基本实现了在经济发展新常态下的新发展。

二、自治区成立七十年的伟大成就

内蒙古自治区成立之前,内蒙古地区贫苦、落后、四分五裂,而内蒙古自治区成立之后,特别是改革开放后,在民族区域自治制度和党的民族政策的指引下,抓住了西部大开发和东北振兴的历史性机遇,发挥优势,乘势而上,各项事业蓬勃发展,城乡人民生活发生了历史性的巨变。

内蒙古自治区的成立是我们党制定和实施民族区域自治

制度的一个典范,是从我国各个民族具体情况出发与马克思主义民族理论相结合的重大成果,更是我国的社会主义民族关系发展史上的一大创举。内蒙古自治区在中国共产党的领导下,贯彻落实民族区域自治制度,各项事业都取得了巨大的进步。

第一,充分保障了内蒙古自治区各族人民的权利。自治区成立以前,内蒙古各族人民饱受日本帝国主义、国民党反动派和封建势力的压迫。人民群众深陷水火倒悬之中。

在党的正确领导下,实行了各民族一律平等、共同发展的内蒙古自治区,实行了民族区域自治制度,拥有了自治权,保障了管理自己民族内部事务的权利,使深受压迫的自治区各族人民翻身做了主人,能够拥有和行使各项基本政治权利。所以,内蒙古自治区的成立,可以说是开启了内蒙古自治区各族人民生活的新篇章。

第二,全区的经济发展进入新的发展阶段,经济总量显著增加,经济发展进入了快车道。在改革开放前期,内蒙古自治区的各项基础设施建设落后,第二产业、第三产业的发展动力不足,全区经济运行缺乏活力。但是现在,内蒙古自治区的经济发展速度稳步提升,生产能力得到大幅度的提高,经济发展动力得到明显增强。

第三,培养了大批少数民族干部。党和政府高度重视少数民族干部培养工作。现如今,自治区少数民族干部的数量不但达到人口比率的要求,而且已经高于少数民族人口所占内蒙古全区总人口的比例，这支少数民族干部队伍为自治区经济社会发展提供了不竭的动力和有力的保障。

第四，有助于社会主义新型民族关系的巩固和发展。我国的《宪法》规定："中华人民共和国是全国各族人民共同缔造的统一的多民族国家。平等团结互助和谐的社会主义民族关系已经确立，并将继续加强。"汉族的繁荣发展不能离开少数民族，少数民族的发展进步也不能离开汉族，这种认识观念深深地存在于自治区各族人民的脑海里。蒙古族和汉族、蒙古族与其他少数民族都相互关爱、尊重、信任、理解、支持、帮助。这种良好的社会氛围，使得平等、团结、互助、和谐的新型民族关系得到了巩固和发展。

总之，内蒙古自治区的七十年，是中国共产党的民族区域自治制度光辉实践并取得成就的七十年，是社会主义革命和社会主义建设取得巨大成就的七十年。七十年来，内蒙古各族人民在革命和建设中，通过对成功与失败、顺利与曲折的比较，在实践、认识、再实践、再认识的反复中，创造和积累了极其宝贵而丰富的经验，所有这些成就，都是在党的领导下取得的。内蒙古自治区的繁荣发展离不开中国共产党的正确领导，是党的正确领导使自治区各族人民拥有了自己当家做主的政治权利，也使得平等、团结、互助、和谐的社会主义民族关系得到进一步的发展。

三、用“蒙古马精神”激励内蒙古人民营造亮丽风景线

吃苦耐劳、一往直前是“蒙古马精神”的基本内涵，守望相助是我们的奋斗目标。根据习近平总书记在考察内蒙古时和在十三届全国人大参加内蒙古代表团审议时对内蒙古的殷切期望和基本要求，大力发扬“蒙古马精神”，守护好内蒙古自治区这一祖国北部边疆，就是要用“蒙古马精神”来激励各族干部群众。

内蒙古自治区成立七十年的光辉历程和在此过程中取得伟大成就离不开“蒙古马精神”的激励和鼓舞。正是这种吃苦耐劳、迎难而上、顽强拼搏、勇往直前的“蒙古马精神”，使内蒙古在七十年曲折艰难的历程中能够克服重重困难，实现历史性巨变，取得非凡的成就。

（一）“蒙古马精神”是内蒙古自治区各族人民心中永不动摇的信念

在全国各地上下一心地进行社会主义现代化建设，为实现国家富强、民族振兴、人民幸福的“中国梦”而努力奋斗的今天，“蒙古马精神”已经成为引导内蒙古自治区各族人民去共同奋斗、不懈努力、追求成功的一种坚定的信念。这种信念是

中国各民族精神沟通的桥梁，是团结带领各族人民为社会主义现代化建设奋斗的纽带，是指引自治区各族人民团结一心向前进的一面精神旗帜。回望曾经走过的革命年代，内蒙古地区各族人民正是在党的带领下，高度发扬不屈不挠、一往无前、知难而进、坚持不懈、永不言弃的宝贵的“蒙古马精神”，才取得了新民主主义革命的伟大胜利。内蒙古自治区各族人民也深刻认识到，只有中国共产党才能救中国，才能真正为内蒙古人民着想，才能一视同仁地为中国各族人民谋利益。在建设社会主义现代化和实现伟大“中国梦”的新时期，内蒙古自治区各族人民群众坚信要继续弘扬“蒙古马精神”，听从党的指挥，紧跟时代的步伐，就能实现内蒙古自治区经济社会的高质量发展，为建设祖国美好北疆添砖加瓦。

（二）“蒙古马精神”是激励内蒙古自治区全体人民不懈奋斗的巨大动力源泉

新时期内蒙古自治区的民族精神的重要表现就是“蒙古马精神”。“蒙古马精神”具有非常重要的当代现实意义，“蒙古马精神”告诉内蒙古人民，实现社会主义现代化、建设美好生活的重要精神支持就是要坚定理想信念，坚定理想信念是“蒙古马精神”能够发挥最大作用的根本。

改革开放以来，伴随着巨大经济社会成就的取得，当今社会的环境也发生了变化，西方各种不良思潮的涌入。社会风气、思想观念受到的不同程度的影响，我国经济社会发展也出现了许多新问题、新情况、新挑战、新考验。首先，中国共产党就面临着全新的挑战和巨大的考验，如精神懈怠的危险、能力不足的危险、脱离群众的危险、消极腐败的危险这四种基本的挑战，需要我们勇敢迎接挑战、冷静面对考验、调整精神状态、提高工作能力、密切联系群众、克服消极腐败、坚定理想信念。这其中，最重要、最根本的就是理想信念的坚定。

理想信念是“蒙古马精神”的核心和灵魂，是激发人们干事创业的动力。就像习近平总书记在考察内蒙古自治区时对内蒙古各族人民所提出的殷切期望一样，希望自治区各族人民群众能够高度发扬永不言弃、不屈不挠、一往无前、知难而进的“蒙古马精神”，继续开拓创新，保持旺盛的精力建设美丽内蒙古。

（三）“蒙古马精神”是开创内蒙古自治区美好未来的精神源泉

“蒙古马精神”激励内蒙古各族人民成为建设社会主义现代化、实现社会主义共同理想和伟大“中国梦”的坚强力量。自治区改革开放以来所发生的天翻地覆的变化，是全区广大人民的精神力量向物质力量转化的成果。

在自治区悠久的发展历史中，蒙古马由过去崇高的神明成为内蒙古人民可以相信和依托的朋友，而现在蒙古马已经成为了民族文化的一种象征。它那勇敢、坚强、一往无前的“蒙古马精神”,无论是在革命战争年代,还是改革开放现代化建设的新时代,都一直伴随着自治区各族人民群众一起拼搏奋斗,为内蒙古自治区经济社会的发展进步提供丰富的智力支撑并注入强大的精神动力。全体内蒙古人民要大力弘扬“蒙古马精神”,坚定理想信念,创新创业、敢拼敢干、勇往直前。

习近平总书记在内蒙古自治区考察时发表的系列讲话精神为内蒙古自治区的下一步发展指明了新方向、制定了新目标、开拓了新视野,是内蒙古进行经济、政治、社会全面改革和社会主义现代化建设的重要航标。第十三届全国人大一次会议期间,习近平总书记对内蒙古工作提出的新要求,为内蒙古自治区下一步突出抓好产业结构转型升级,大力培育新产业、新动能、新增长极等工作指明方向,使各族人民倍感温暖、倍受鼓舞、倍增信心。内蒙古自治区要始终与以习近平同志为核心的党中央保持高度的一致,以发展为内蒙古经济社会建设的第一要务,大力发扬“蒙古马精神”,为夺取社会主义现代化建设的成果,实现国家富强、民族振兴、人民幸福的伟大“中国梦”的全面胜利而奋斗。内蒙古人民必须紧跟当今时代潮流,不断开拓创新、锐意进取,进一步丰富和发展“蒙古马精神”的精神内涵,不断开创自治区经济社会全面改革发展与全区的社会主义现代化建设的全新局面,努力建设美丽内蒙古,争取早日把我国北疆这道美丽风景线打造得更加亮丽!

结语

建设亮丽内蒙古
共圆伟大“中国梦”

2014年1月26日至28日，习近平总书记在内蒙古自治区考察时发表的重要讲话充分肯定了党的十八大以来内蒙古自治区的发展思路和工作成绩，深刻阐述了事关内蒙古自治区全局和长远发展的一系列重大问题，明确提出了当前和今后一个时期内蒙古自治区的前进方向和工作重点，这为内蒙古自治区的下一步发展指明了新方向、制定了新目标、开拓了新视野，是内蒙古自治区进行经济、政治、社会全面改革和社会主义现代化建设的重要航标。

2017年8月，在内蒙古自治区成立70周年的日子里，习近平总书记的题词贺匾“建设亮丽内蒙古 共圆伟大中国梦”，浓缩了党中央对自治区的殷切期望，激励着2500万草原儿女砥砺前行。习近平总书记在中国共产党第十九次全国代表大会上的报告，在第十三届全国人大一次会议期间参加内蒙古代表团审议时的重要讲话和殷殷嘱托，为新时代的内蒙古工作注入强大动力，指明了前进方向。

内蒙古自治区要始终与以习近平同志为核心的党中央保持高度一致，以发展作为内蒙古经济社会建设的第一要务，大力发扬"蒙古马精神"，不断开拓创新、锐意进取，在实践中进一步丰富和发展"蒙古马精神"的科学内涵和思想价值，努力在转方式、调结构、促改革、惠民生上不断取得新成效，推动城乡区域发展相平衡、经济社会发展相协调，全面做好改革发展稳定工作，不断开创自治区经济社会全面改革发展与全区社会主义现代化建设的全新局面，努力建设美丽内蒙古，争取早日把祖国北部边疆这道风景线打造得更加亮丽，为实现国家富强、民族振兴、人民幸福的伟大"中国梦"做出内蒙古人民应有的贡献。

后 记

2014 年 1 月，习近平总书记在考察内蒙古时指出，干事创业就要像蒙古马那样，有一种吃苦耐劳、一往无前的精神。这充分体现了习近平总书记真挚的情感关怀、深邃的历史眼光，这同时也对学术界、理论界提出了新的研究课题。近年来，国内学界对何为“蒙古马精神”、如何弘扬“蒙古马精神”的关注日益广泛而深入。这些研究成果开阔了我们的视野，为我们进一步的研究提供了极为有意义的参考。缘于内蒙古人民出版社的信任和厚爱，本书尝试着对“蒙古马精神”进行系统化、学理化、规范化的研究。

全书由我负责编写大纲和统稿工作。内蒙古大学马克思主义学院孙大为博士与我共同完成了全部书稿的撰写和修订工作。具体分工如下：

傅锁根：序、引言、第二章、第三章第二节、第五章、结语；

孙大为：第一章、第三章第一节、第四章。

在本书即将付梓之际,我要特别致谢我的两位研究生李媛、张云艳,她们在本书初稿撰写的过程中贡献了许多智慧,付出了辛勤劳动。在本书校对的过程中,在读博士杨子祯和我的研究生李娅君、张雨薇不辞辛苦,一一核对相关文献的出处,在此一并致以衷心的谢意。

我要深深感谢内蒙古人民出版社的李向东主任和王静主任,他们是本书能够问世的功臣,在本书的编辑、校对中,他们倾注了大量的心血,他们严谨细致、一丝不苟的工作态度让我深受感动。

需要特别指出的是,在本书撰写过程中,我们吸收和借鉴了许多同行学者的相关研究成果和文献资料。在此谨向他们表示诚挚的感谢和由衷的敬意。

我们期望本书的出版对于倡导与弘扬"蒙古马精神"有所启发、有所帮助。限于作者水平,本书的体例结构还不够完善、书中疏漏和不足之处也在所难免,恳请读者和专家不吝赐教。

傅锁根

2018 年 12 月 4 日